Vincenzo Iavazzo

GUADAGNARE CON EMULE E YOUTUBE

Trucchi e Segreti per Fare Soldi
con File e Video Sharing

Titolo

"GUADAGNARE CON EMULE E YOUTUBE"

Autore

Vincenzo Iavazzo

Editore

Bruno Editore

Sito internet

www.brunoeditore.it

Sommario

Introduzione

Innanzitutto, complimenti e grazie per aver scelto questa guida. Attraverso questo strepitoso viaggio, ti spiegherò come avviare con successo una vera e propria attività online, che puoi gestire a casa tua con pochi minuti di lavoro al giorno, con un investimento pari a 0 e con guadagni elevati che vedrai già in pochi giorni.

In questa guida ti illustrerò quali sono le tecniche, i trucchi ed i segreti, per sfruttare al massimo alcune risorse web gratuite per guadagnare denaro.

Oggi, le risorse web illustrate in questo libro elettronico, difficilmente vengono sfruttate per trarne profitti. Quei rari casi che forse hai visto o vedrai, sono frutto di uno scadente lavoro, svolto senza tecniche precise ed efficaci, e spesso in modo illegale.

Quello che invece ti sto offrendo è un sistema realizzato con lunghi studi specifici e ricerche mirate, che hanno fruttato risultati entusiasmanti. Data la bassa concorrenza, se non nulla, il mercato proposto può essere paragonato ad una vera e propria esclusiva, un'occasione unica che si affaccia ad una potenziale clientela che vanta milioni di utenti al giorno, presenti nel mondo di internet.

Tu già sei un passo avanti, avendo acquistato questa "miniera d'oro". Il resto è opera tua. Mettici impegno e ti assicuro che otterrai risultati superiori a quelli che ti abbiamo indicato.

Buon Lavoro!

Vincenzo Iavazzo

Giorno 1: Guadagnare con Emule e File Sharing

Oramai convivono con noi. Sto parlando dei software di File Sharing. Anche se ti suona strano, sono sicuro che a casa ne possiedi almeno uno. Sto parlando di Emule, Bearshare, Bit Torrent tutti quei programmi che consentono di scaricare da internet: musica, film, programmi e tante altre cose. Software molto utilizzati, tant'è vero che alcuni di essi, tipo Emule, a cinque anni di vita, vantano ben 300.000.000 di download, cioè trecentomilioni di file scaricati e altrettanti upload (operazione inversa), cioè dal tuo PC o da altri "Client", utenti che prelevano file per trasferirli sul proprio computer.

Ora ti chiedo: hai mai pensato cosa accadrebbe se tu sfruttassi questi numerosissimi upload di file, *inserendo in ciascuno di essi la pubblicità di un tuo prodotto in vendita*? Te lo dico io: le vendite crescerebbero a dismisura e tu potresti diventare ricco!

SEGRETO n. 1: Condividere file su internet è un ottimo sistema per diffondere pubblicità.

L'idea di questa favolosa rendita mi è stata "regalata" per puro caso, da un mio amico. Un giorno, mentre parlavamo in generale delle persone che scaricano su internet canzoni e film, lui evidenziò che questo "sistema" era ingiusto perché, se le case discografiche, prima dell'avvento dei file sharing, guadagnavano cento, un domani ci sarebbe stata addirittura la possibilità che il loro guadagno fosse zero! E la peggiore delle conseguenze poteva essere addirittura la scomparsa della musica. Infine, aggiunse: "Perché diffondere illegalmente musica? Cosa ci guadagnano?".

Effettivamente, questa parte del suo ragionamento era molto logica. Non c'è alcuna possibilità di profitto nel diffondere musica su internet, al massimo esiste la possibilità di risparmio, ad esempio nell'acquistare un cd musicale, ma è illegale diffondere musica a scopo di lucro.

Fu così che iniziai a studiare un sistema che trasformasse questa forma di risparmio illegale in un'altra forma, però **lecita al 100%** e con possibilità di guadagno costante e crescente, non di pochi centesimi, ma di migliaia di euro al mese.

Naturalmente, per essere un sistema lecito, esclusi tutte le fonti protette dai diritti d'autore. Utilizzare materiale protetto da copyright, è un sistema adottato da utenti poco furbi che usano Emule per condividere gratis ed illegalmente gli ebook. Ed anche in quest'altro sistema non ci vedo nessuna forma di guadagno, e allora perché farlo?

Oggi, chi è furbo, invece di condividere materiale protetto da diritti d'autore, *senza guadagnarci niente ed in violazione della legge*, semplicemente lo consiglia, tramite **i programmi di affiliazione**. Ci guadagnano tutti: tu con le commissioni, cioè percentuali sulla vendita, l'editore guadagna con le vendite ed inoltre non stai violando nessuna legge.

Fu proprio questa la mia idea, che ho personalmente testato con successo e con enormi profitti. In pratica, si sintetizza in questo modo:

- **1° fase:** registrazione ad un programma di affiliazione
- **2° fase:** creazione di materiale interessante con l'aggiunta di link pubblicitari di affiliato

- **3° fase:** diffusione gratuita del materiale con file sharing e video sharing
- **4° fase:** riscossione dei guadagni, ottenuti con le provvigioni, con spese di pubblicità pari a zero

Inizialmente la diffusione dei miei file era molto scarsa e poco redditizia. Ma col tempo ho sviluppato una serie di tecniche, trucchi e segreti, che ti rivelerò in questo ebook, che hanno trasformato una semplice idea in un Business FAVOLOSO!

Prima di parlare di questa straordinaria rendita, vediamo un po' come funzionano questi programmi.

Il **File Sharing** non è altro che la condivisione dei file all'interno di una rete comune, che può essere di tipo client-server oppure peer-to-peer. Le reti Client-Server consentono ai Client di condividere le risorse, mentre il Server regola gli accessi per evitare conflitti. Invece, nelle reti peer-to-peer non ci sono client o server fissi, ma tanti nodi che funzionano sia da Client che da Server.

Le caratteristiche fondamentali di queste reti sono:

- Individuano più copie dello stesso file in rete.
- Riprendono lo scaricamento dei file, anche quando era avvenuto in maniera parziale.
- Consentono di scaricare lo stesso file da più fonti contemporaneamente, in modo da accelerare il processo di download.
- Hanno efficienti capacità di ricercare un particolare file attraverso gli URI (Universal Resource Identifier), cioè identificativi univoci di una risorsa del Web.

Attualmente, esistono diversi programmi di file sharing, funzionanti su determinati sistemi operativi. Ecco i principali programmi di condivisione file: Emule, Bearshare e BitTorrent.

SEGRETO n. 2: Installa sul tuo PC i principali software di File Sharing; Emule, Bearshare e BitTorrent.

Il nome di questo primo software di condivisione file è un acronimo di *Electronic Mule* (Mulo Elettronico). E' un programma di file sharing che utilizza le reti eDonkey e Kad per la condivisione di file e viaggia col sistema operativo Windows. E' un open-source (sorgente aperta), cioè il software viene rilasciato con una licenza con cui il codice sorgente (in questo caso il C++) è disponibile ad altri programmatori per variazioni, in questo modo il programma può raggiungere un'efficacia maggiore. Proprio grazie al fatto che è open-source presenta notevoli punti di forza: versioni continuamente aggiornate, programma sviluppato in numerose lingue.

Il progetto è stato sviluppato intorno al 2002 da Hendrik Breitkreuz, un programmatore Tedesco. Le prime versioni, consentivano il funzionamento solo su sistema operativo Windows 2000 e XP, con le successive poi, il programma ha iniziato a girare pure su Windows 98 e con una delle versioni più recenti (la 0.48a) funziona anche sul nuovissimo Windows Vista.

La diffusione ha avuto col tempo una crescita esponenziale. Nei primi sei mesi si sono contati circa 2.000.000 di download, nel primo anno circa 10.000.000 di download, dopo tre anni ha superato i 100.000.000 di download ed all'inizio dell'estate scorsa si sono superati i 300.000.000 di download.

La rete eDonkey è costituita da una struttura di tipo client-server, con la differenza che non esiste un solo grande server, ma ve ne sono più di un centinaio in continuo ampliamento. I server non contengono i file, essi costituiscono solo un database contenenti gli elenchi dei file posseduti dai Client; l'elenco viene inviato ogniqualvolta avviene la connessione tra i due. In pratica, lo scambio dei file avviene non tra server e client ma tra client e client.

E' possibile scarica Emule nel sito ufficiale: www.emule-project.net. Una volta installato e lanciato il programma, apparirà la finestra principale.

La prima pagina che vedi è quella dei Server. A questo punto dovresti sceglierne uno e cliccare il pulsante "Connetti", ma ti consiglio di non selezionarne nessuno e cliccare direttamente "Connetti", in questo modo il programma sceglierà direttamente quello col maggior numero di utenti.

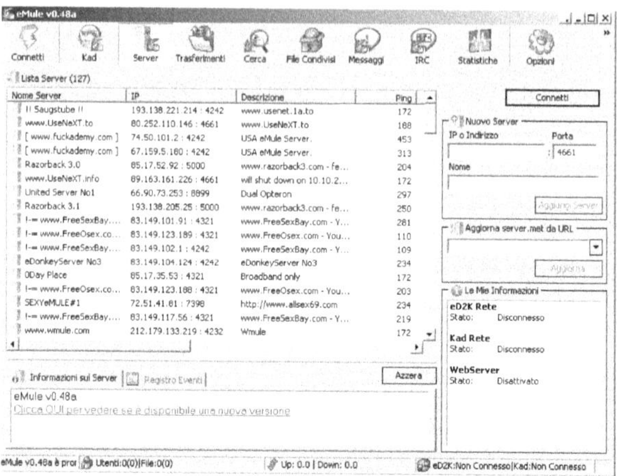

E' molto importante tenere una lista server sempre ben aggiornata, è un'operazione che devi svolgere almeno una volta a settimana, poiché ultimamente si è verificato un aumento dei server fasulli e di conseguenza rischi che i tuoi file non vengono "visti" da altri utenti.

SEGRETO n. 3: Aggiorna periodicamente la lista dei server di Emule.

In seguito ti illustrerò la procedura di aggiornamento della lista dei server, presente nella guida ufficiale di Emule. Innanzitutto, devi andare nella pagina "Opzioni" di Emule, dove dovrai cliccare su “Server”. A questo punto si aprirà una finestra, dove dovrai togliere il flag su “Aggiorna la lista server quando ti connetti a un server” e su “Aggiorna la lista server quando ti connetti a un client”. In questo modo Emule non aggiungerà più in automatico alla lista i server malfunzionanti o inutili.

Devi inoltre modificare il campo “Elimina server inattivi dopo” inserendo il valore 5, poiché può capitare che un server non risponda perché inattivo per qualche ora, in questo modo eviti di perderlo dalla lista.

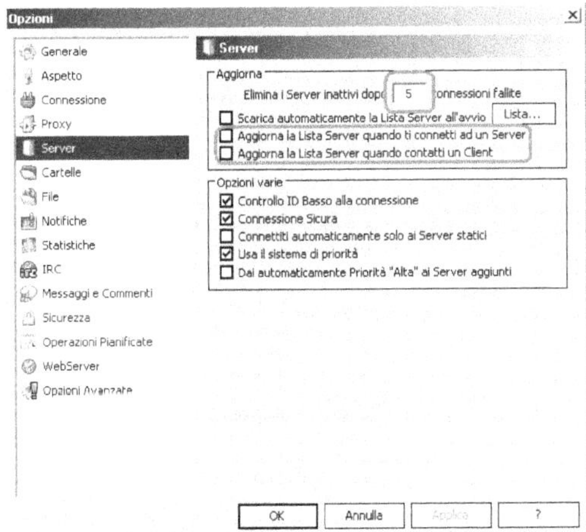

Successivamente, devi cancellare tutti i server presenti nella lista, cliccando col tasto destro del mouse su un server qualunque e scegliendo la voce "Elimina tutti i Server".

Effettuata questa operazione, devi cliccare il seguente link per aggiornare i server con una lista già verificata: ed2k://|serverlist|http://www.emule.it/guida_emule/files/emule.it_server.met.gz|/

Sempre nella pagina dei server, noterai che in basso è presente il link "Clicca QUI, per vedere se è disponibile una nuova versione", ebbene, conviene sempre avere una versione aggiornata di Emule, poiché con le nuove release si tende sempre a migliorare le prestazioni in termini di velocità.

Una volta connessi al server, bisogna cliccare il pulsante "Kad" presente in alto. Il Kad è una rete senza server, che ha la funzione di distribuire il carico di lavoro a tutti i Client connessi, operazione necessaria per migliorare la velocità di download.

La priorità del download in Emule, si basa su un sistema di code. In pratica ogni richiesta di download viene messa in una “lista d’attesa”. La priorità viene stabilita proporzionalmente in base a: tempo di attesa, priorità del file, che viene assegnata manualmente dall’utente che intende scaricare e crediti. Quest’ultimi aumentano proporzionalmente in base alla quantità di dati scambiati tra inviati e ricevuti. In pratica, più offri file in rete e più scarichi velocemente. Per questo è consigliabile di non spostare i file scaricati dalla cartella di download.

Successivamente, bisogna cliccare il pulsante “Cerca”, indicare nella casella “Nome” le parole chiave del file che intendi scaricare, scegliere eventualmente il tipo di file (archivio, audio, documento, immagine, video, programma) e cliccare il pulsante “Inizia”.

A questo punto apparirà un elenco di file che contengono almeno una parola chiave che hai indicato. Oltre al nome, saranno indicate altre informazioni, tra cui la dimensione, le fonti disponibili ed il tipo di file. Le fonti disponibili, cioè il numero di utenti che possiedono il file, sono parametri molto importanti, poiché normalmente vengono scelti come riferimento per ordinare l'elenco, poiché più un file è diffuso, maggiore sarà la sua qualità.

Basterà fare doppio click su uno di questi file ed inizierà il download o meglio ne partirà la richiesta. Il download vero e proprio inizierà immediatamente o dopo un certo tempo, stabilito in base ai criteri spiegati precedentemente.

Cliccando il pulsante "Trasferimenti" apparirà un'altra finestra con l'elenco dei file in download ed in upload, quest'ultimi, in questo caso, ci interessano di più, poiché sono quelli che gli altri utenti stanno scaricando dal tuo computer.

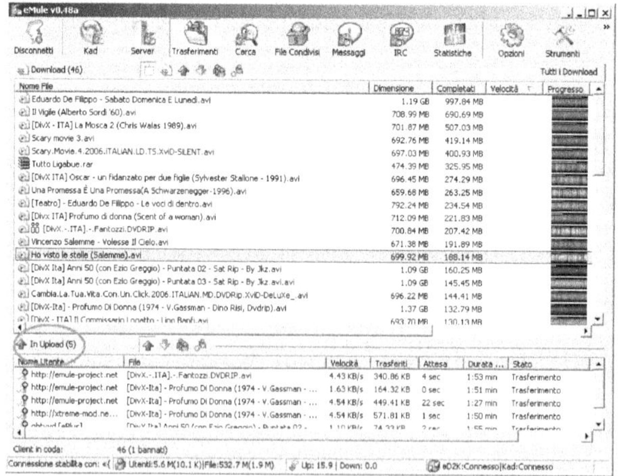

Esiste un sistema per accelerare il processo di upload, affinché i tuoi file si diffondano con velocità maggiore. Questo sistema è molto diffuso in rete per accelerare il download dei file di Emule, visto che, come già spiegato, maggiore quantità di dati offriamo maggiore priorità ci viene restituita.

Dalla barra di Emule, clicca il pulsante “Opzioni”, con cui si aprirà una finestra con un elenco di impostazioni, dove sceglierai “Connessione”, dopo di che dovrai togliere il flag alla voce “Limite di Upload” ed aumentare la capacità di upload a 25 o al valore massimo pari a 28 kb/s.

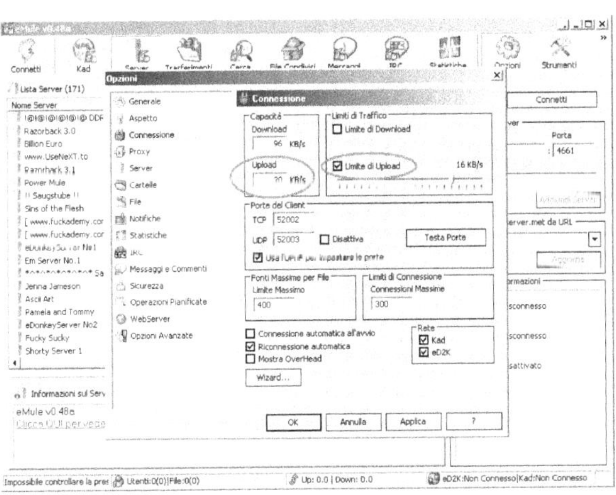

SEGRETO n. 4: Aumenta la velocità di upload di Emule per diffondere in rete, velocemente, i tuoi file.

Un'altra modifica importante da apportare nella pagina delle opzioni, riguarda le impostazioni di sicurezza. In questa parte troverai una voce "Mostra I miei File Condivisi", che bisogna impostare "A Chiunque".

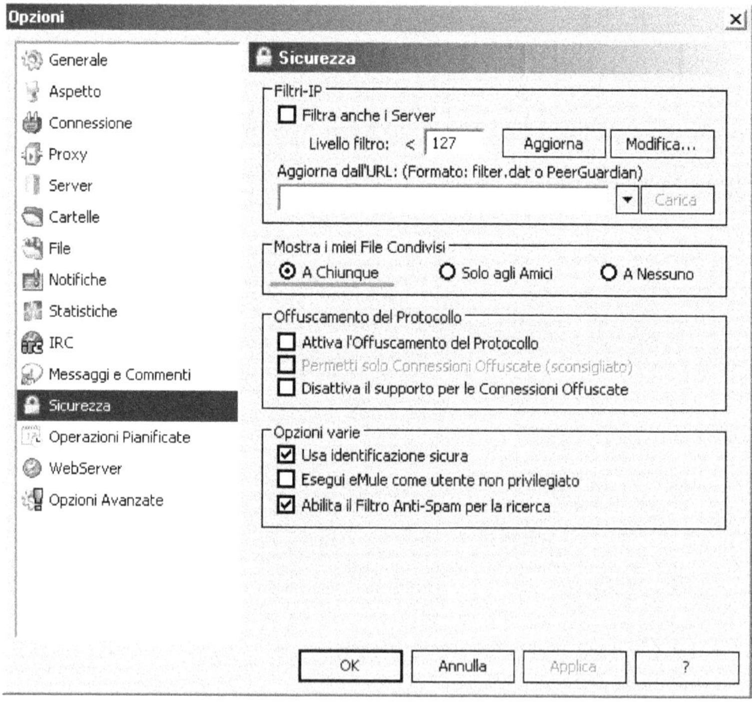

SEGRETO n. 5: Imposta la visione dei tuoi file condivisi a chiunque.

Un ultimo sistema necessario per far sì che i file da condividere, siano diffusi a quanti più utenti, consiste nell'installare nel tuo PC più di un software di file sharing.

In questa guida ti indicherò i principali software di condivisione di file finora esistenti, anche se nessuno ti impedisce di cercarne degl'altri, magari con una ricerca su Google indicando le seguenti parole:
- file sharing
- condivisione file
- download mp3 / film / musica

Ricorda, più verranno diffusi i tuoi file e più saranno alti i tuoi profitti, però devi assicurati che più file sharing in esecuzione, non vadano in conflitto fra di loro.

Bearshare è un altro programma di condivisione file presente in rete in versione gratuita in lingua Inglese, che funziona con tutte le versioni di Windows. E' molto diffuso in rete, perché consente di scaricare musica con tempi estremamente ridotti rispetto a quelli di Emule. Interessa molto al caso nostro, perché non consente di scaricare solo musica, ma anche gli archivi, i documenti ed i video.

A differenza di Emule è di tipo peer-to-peer e sfrutta il protocollo Gnutella. E' possibile effettuare il download di questo programma nel sito ufficiale: http://bearshare.com/.

Prima di avviare il download di Bearshare, ti consiglio di scegliere la lingua italiana dal sito, così verrà scaricato il programma con lo stesso linguaggio.

Una volta installato e lanciato il programma, si aprirà la finestra principale:

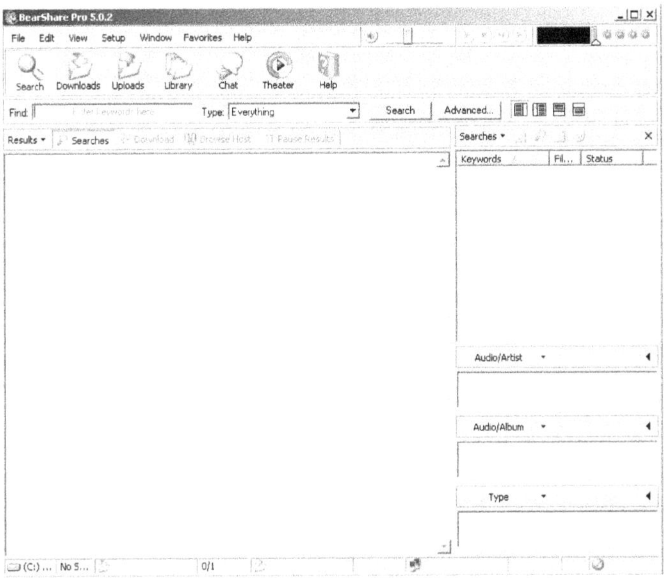

Il funzionamento è molto intuitivo e comunque non diverso da quello di Emule. Esiste la casella "Find" dove bisogna indicare le parole chiave, dopodiché, premendo il pulsante "Search" che equivale al "Cerca" di Emule, appariranno in questa stessa finestra i risultati. Bearshare ha la caratteristica di ricercare le parole chiave anche all'interno dei file stessi.

La finestra di download mostra i file che stiamo scaricando e poi ne possiede un'altra a parte (Upload) che mostra quelli che altri utenti stanno prelevando dal tuo PC.

Un altro software di file sharing famosissimo è BitTorrent, che sfrutta il protocollo peer-to-peer. E' stato realizzato nel 2002, col linguaggio di programmazione Python, da un programmatore di San Francisco ed a partire da marzo del 2005 la licenza è stata cambiata in open-source (come quella di Emule).

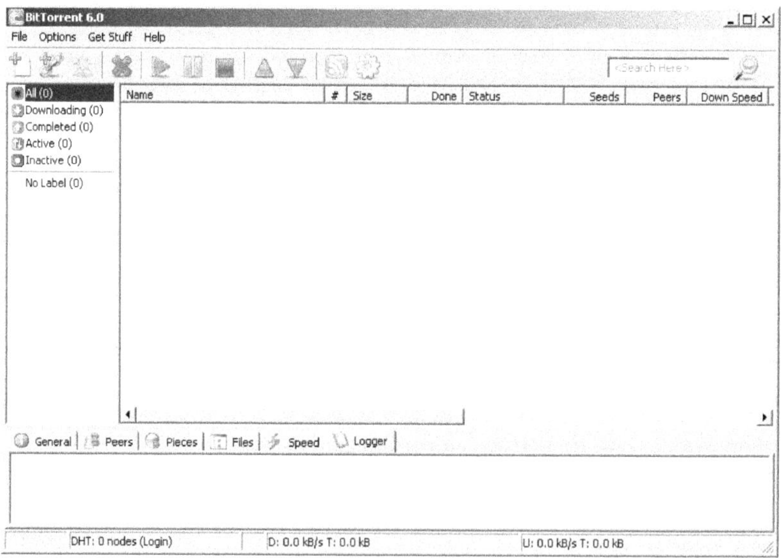

BitTorrent è uno dei programmi di file sharing più diffusi, attualmente in rete, non solo per la sua compatibilità con Windows, Linux e Mac OS, ma anche grazie alle sue elevate velocità di download. E' possibile scaricare il programma nel sito ufficiale: http://www.bittorrent.com/download.

Il suo funzionamento è del tutto analogo a quello di Emule e Bearshare. Per scaricare un file bisogna indicare le parole chiave nell'apposita casella "Search Here" e cliccare il pulsante a fianco con il simbolo della lente di ingrandimento. A questo punto apparirà una finestra con l'elenco dei file trovati e cliccandoli partirà la richiesta di download.

Ultimamente, si sta diffondendo molto il software di file sharing "µTorrent" che da circa un anno è stato acquistato dalla BitTorrent.

Oltre al fatto che è freeware, il punto di forza di questo software di file sharing, è sicuramente la sua "leggerezza". Ben presto è prevista la sua integrazione con BitTorrent, ma fino a quel giorno

devi sfruttarlo per un'ulteriore diffusione dei tuoi file. Il download è possibile nel sito ufficiale:
http://www.utorrent.com/download.php

L'installazione ed il funzionamento sono del tutto analoghi a BitTorrent, le cui interfacce sono praticamente identiche.

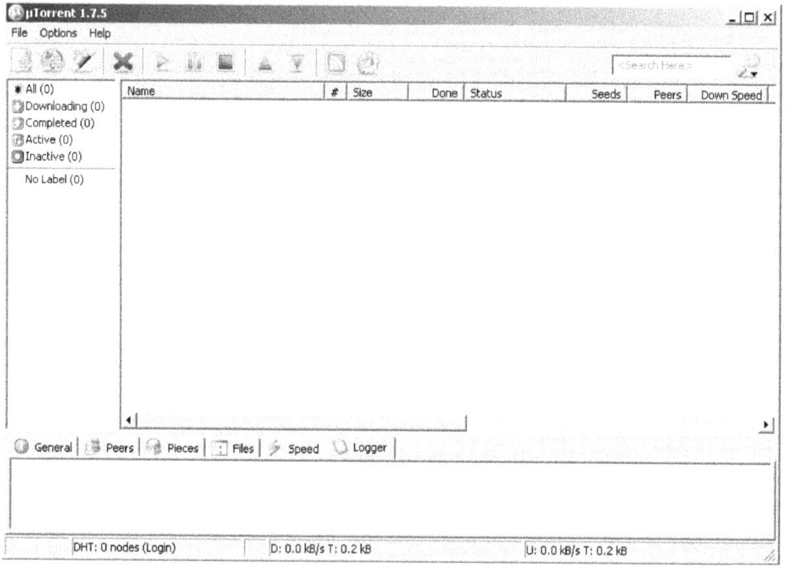

Prima di procedere con la nostra guida, è necessario chiarirti un po' le idee riguardo la **Legge n. 633** del 22 aprile 1941, per la Protezione del diritto d'autore e di altri diritti connessi al suo esercizio, onde evitare che tu possa metterti in qualche serio guaio giuridico. Non ti illustrerò l'intera legge, perché si compone di circa cinquanta pagine; ne vedremo, quindi, solo i punti fondamentali che possono interessarti.

Art. 1

Stabilisce che sono protette le opere che appartengono alla letteratura, alla musica, alle arti figurative, all'architettura, al teatro ed alla cinematografia. Sono inoltre protetti i programmi per elaboratore.

Art. 2

Stabilisce che sono comprese nella protezione: le opere fotografiche e le banche di dati.

Art. 3

Stabilisce che sono protette come opere originali le opere collettive, costituite dalla riunione di opere o di parti di opere, tipo: le enciclopedie, i dizionari, le antologie, le riviste e i giornali.

Art. 4

Stabilisce che sono protette anche le elaborazioni di carattere creativo dell'opera stessa, tipo le traduzioni in altra lingua, le trasformazioni da una in altra forma letteraria od artistica, le modificazioni ed aggiunte che costituiscono un rifacimento sostanziale dell'opera originaria, gli adattamenti, le riduzioni, i compendi, le variazioni non costituenti opera originale.

Art. 25

Stabilisce che i diritti dell'opera durano tutta la vita dell'autore e fino al termine del settantesimo anno dopo la sua morte.

Art. 171

Definisce le sanzioni penali a cui si va incontro in caso di violazione della suddetta legge, riproducendo, diffondendo, vendendo opere altrui. Tale violazione viene punita con una multa fino a 2.065€. In altri casi, è prevista addirittura la reclusione per diversi anni.

Col tempo, questa legge ha subito delle modifiche. Per esempio, basta citare il caso di alcuni ragazzi di Torino, ai quali la Cassazione ha sancito, a Gennaio del 2007, che: Non è reato scaricare da internet musica, film o programmi tutelati da diritto d'autore. Purché non venga fatto per scopo di lucro. Per scopo di lucro deve intendersi un fine di guadagno economicamente apprezzabile o di incremento patrimoniale da parte dell'autore del fatto.

Il download "per uso personale", non è apparentemente reato, come non sembrerebbe essere reato condividere in rete musica, film e quant'altro senza scopo di lucro. Tuttavia le interpretazioni sono diverse. Una delle quali dice che anche se lo fai ad uso personale ne trai un profitto, perché risparmi sull'acquisto dell'opera.

SEGRETO n. 6: Su Internet non puoi diffondere e scaricare file protetti da diritti d'autore, a scopo di lucro.

Siccome, lo scopo della tua attività è quello di diffondere in internet dei file per trarne profitto, devi fare molta attenzione a non condividere in rete "opere altrui", questo è necessario per far sì che il tuo business online sia **legale al 100%**.

In pratica, devi solo diffondere lavori creati da te e non scopiazzati, neanche in parte e neppure modificati. Ad esempio, se trovi sul sito Manuali.net una guida che spiega un determinato linguaggio di programmazione, non puoi condividerla e non puoi neanche creare un file con una parte di questa guida e magari un altro pezzo preso dal sito di HTML.it.

Non è inoltre possibile modificare le parole con sinonimi e non è possibile neanche diffondere la sintesi di una guida. Infine è inoltre vietato diffondere in rete la traduzione di una guida, ad esempio, se vai sul sito straniero Free Ebooks, copiare una guida e diffonderne la traduzione in italiano, è un reato.

Dopo questa breve parentesi ma fondamentale, della legge sui diritti d'autore, torniamo alla nostra guida. Con Emule e con gli altri software di file sharing, non viene condivisa solo la categoria più conosciuta, cioè quella della musica e dei film, ma anche: documenti, archivi, immagini, programmi e video. Tra tutti questi tipi di file, ci sono alcune categorie ricercatissime:

- ebook
- videocorsi

Ebbene, è su queste categorie che devi lavorare in modo molto scrupoloso, per far sì che i tuoi file siano diffusissimi, creando quel meccanismo automatico di condivisione, che avverrà tramite il tuo PC e quello degli altri utenti.

SEGRETO n. 7: Con i file sharing, oltre alla musica, vengono condivisi soprattutto: ebook e videocorsi.

La diffusione di un file ben fatto, può avvenire con rapidità esponenziale. Infatti, quando qualcuno scaricherà una guida dal tuo PC, di conseguenza altri utenti avranno la possibilità di scaricare lo stesso file da due computer e così via. Per ottenere una tendenza alla diffusione, è necessario che il tuo lavoro sia di ottima qualità, altrimenti, quando un utente scaricherà un file dal tuo PC e non gli piacerà, automaticamente lo cancellerà e così andrà a diminuire la diffusione su altri computer.

Non so se tu abbia mai ascoltato quel famoso singolo musicale "Crazy" diffusissimo nell'estate del 2006. Questo singolo, creato da una coppia di cantanti (Gnarls Barkley), è divenuto un caso musicale: sì perché inizialmente, non fu distribuito da una casa discografica, ma si diffuse sul mercato digitale britannico, proprio attraverso i software di file sharing ed in poco tempo, questo brano ha conquistato le vette delle classifiche musicali Italiane ed Estere.

SEGRETO n. 8: Un lavoro ben fatto si diffonde in rete con rapidità esponenziale.

Ora conosci le categorie più ricercate, ma nello specifico, cosa si cerca nei software di file sharing? Ed ecco che ti svelo uno dei segreti fondamentali di questa guida, la linea logica da seguire. Gli utenti su Emule e su gli altri software di file sharing, cercano tutte le risorse a pagamento, file che normalmente non trovi gratuitamente con una semplice ricerca su Google o su altri motori di ricerca.

Infatti, sui software di file sharing cosa si cerca?
- musica mp3, perché un CD musicale originale costa circa 20€.
- film di prima visione, perché al cinema pagheresti il biglietto.

- ebook, guide, manuali, corsi, libri di autori noti, perché sono ben fatti, quindi sono costosi e di conseguenza gratis non ne trovi in rete.

SEGRETO n. 9: Gli utenti cercano con i software di File Sharing principalmente le risorse a pagamento.

Inoltre i software di file sharing superano, in termini di preferenze, anche i più famosi siti che offrono materiale gratis. Infatti, i portali che offrono software, giochi e programmi gratuiti, prevedono, prima del "download", lunghe registrazioni che spesso annoiano l'utente.

RIEPILOGO DEL GIORNO 1:

- SEGRETO n. 1: Condividere file su internet è un ottimo sistema per diffondere pubblicità.
- SEGRETO n. 2: Installa sul tuo PC i principali software di File Sharing (Emule, Bearshare e BitTorrent).
- SEGRETO n. 3: Aggiorna periodicamente la lista dei server di Emule.
- SEGRETO n. 4: Aumenta la velocità di upload di Emule per far diffondere velocemente i tuoi file.
- SEGRETO n. 5: Imposta la visione dei tuoi file condivisi a chiunque.
- SEGRETO n. 6: Su Internet non puoi diffondere e scaricare file protetti da diritti d'autore, a scopo di lucro.
- SEGRETO n. 7: Con i file sharing, oltre alla musica, vengono condivisi soprattutto (ebook e videocorsi).
- SEGRETO n. 8: Un lavoro ben fatto si diffonde in rete con rapidità esponenziale.
- SEGRETO n. 9: Gli utenti cercano con i software di File Sharing principalmente le risorse a pagamento.

Giorno 2: Creare Ebook Velocemente

La parola eBook è un acronimo di electronic book, cioè libro elettronico. In pratica si tratta della conversione in digitale di un libro.

I file costituenti gli ebook presentano numerosi formati (Documenti Word, Pagine HTML), ma tra i più diffusi vi è sicuramente il formato PDF (Portable Document Format) che può essere letto attraverso il software Adobe Reader.

Il vantaggio di utilizzare i PDF sta sicuramente nel fatto che con questo formato, l'ebook non può essere modificato da altri utenti, inoltre il software che permette la lettura di questi file, è compatibile con numerosi sistemi operativi: Mac OS, PalmOS, Windows, Windows Mobile, Linux, Symbian. Quindi ti consiglio di scegliere questo formato per il tuo ebook, così non rischierai che qualcuno possa modificare il testo o aggiungere qualcosa di suo.

SEGRETO n. 10: La realizzazione di un ebook in formato PDF offre numerosi vantaggi.

Il programma che consente la conversione di un documento Word in PDF è: PDF to Word Converter.

Se invece per scrivere il tuo ebook utilizzi il Writer di OpenOffice, non hai bisogno di nessun programma di conversione, perché esso presenta la funzione "Esporta nel formato PDF…", presente nel menù "File".

Ora che hai gli strumenti per la creazione dell'ebook, passiamo alla ricerca di un argomento di successo, su cui baserai la tua guida.
Attualmente non esiste un sito che permette di conoscere quali sono le parole più ricercate su Emule, però potresti usare gli stessi software di file sharing. Come? Facendo una ricerca mirata su tutti i file sharing, impostando come tipo di file documento e poi archivio ed indicando le seguenti parole chiave:

- ebook ita
- guida / guide

- corso / corsi
- manuale / manuali
- libro / libri

Gli argomenti che hanno più fonti disponibili sono anche quelli più scaricati e se ne possono trovare a centinaia: fare soldi, seduzione, informatica, trading, vincere in borsa, velocizzare emule, corsi lingue, vendita, marketing, web marketing, memoria, grafica, computer, programmazione (nello specifico, java, html, php, visual basic, webmaster), guide software (photoshop, word, excel, office, autocad), web design, pnl, lettura veloce, sicurezza, informatica, grafica pubblicitaria, ecdl, patente europea, hobby, elettronica.

Sulla base della logica da seguire, che ti ho illustrato precedentemente, ti svelerò un altro trucco, per conoscere argomenti vincenti su cui basare la tua guida. Devi collegarti al noto sito di aste online Ebay ed andare nella categoria "Libri e Riviste" e poi in "e-Book e Libri digitali". Da qui, senza indicare nessuna parola chiave, imposta come ordine decrescente il campo "Prezzo", in modo da avere per primi quelli più costosi. In questo modo, avrai a disposizione l'elenco dei tuoi potenziali ebook di successo.

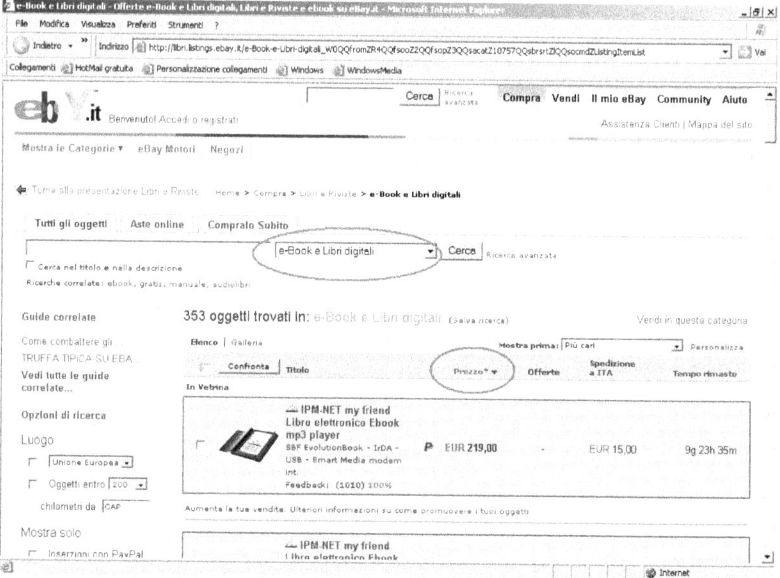

SEGRETO n. 11: Scopri su Ebay quali sono gli ebook più costosi e basa la tua guida su quell'argomento.

Sempre seguendo la stessa logica, è possibile effettuare un'altra ricerca. Questa volta attraverso il motore di ricerca Google. Devi digitare sempre le solite parole: ebook, guida, guide, corso, corsi, manuale, manuali. A questo punto, dovrai annotare i risultati che appariranno nella colonna a destra, perché sono quelli relativi agli annunci a pagamento.

E' chiaro che se uno sponsorizza un ebook con un annuncio a pagamento, non è certo per offrire qualcosa gratis!

SEGRETO n. 12: Altri argomenti vincenti sono gli ebook sponsorizzati su Google.

Tra tutti questi argomenti proposti e quelli che troverai su Ebay e Google, non dirmi che non ti appassiona o non ne conosci nemmeno uno?

Basa il tuo ebook su un argomento con cui hai maggiore dimestichezza. Sugli stessi file sharing, puoi effettuare una ricerca e scaricare le guide analoghe, per farti una cultura, ma ricorda sempre di non copiarli, neanche in parte, per non violare il copyright altrui.

SEGRETO n. 13: Realizza il tuo ebook ispirandoti a guide scaricate su Emule, senza copiarle.

Ti consiglio di non creare una guida di un paio di pagine e renderla strapiena di link pubblicitari. Realizza un lavoro ben fatto, una buona guida esaudente di almeno dieci pagine su un argomento specifico, altrimenti l'utente non conserverà il file, ma lo cancellerà subito e non verrà più diffuso.

Non seguire l'esempio di un mio amico appassionato di modellismo. Lui è bravissimo a realizzare riproduzione di barche in scala ed allora gli consigliai di creare una guida dettagliata, completa di foto che illustrasse la costruzione di una semplice modellino senza spendere tanti soldi. L'idea era ottima, ma la guida era penosa. In quattro misere pagine, con caratteri grandissimi e con solo due foto, pretendeva che qualcuno riuscisse a realizzare quel modellino e non solo! Completò "l'opera" con l'aggiunta di oltre quindici pagine di pubblicità che sponsorizzavano i modellini in vendita su Ebay! Risultato? Diffusione del file scarsissima e di conseguenza vendite zero.

Magari per lui o per qualche altro appassionato di modellismo, con quella guida era semplice realizzare una barca, ma una persona non è pratica (che in genere sono proprio quelli che cercano le guide) non ci sarebbe mai riuscita. Perciò, quando termini la realizzazione del ebook, fallo leggere a qualche persona che non è del campo e chiedi un suo giudizio.

SEGRETO n. 14: Realizza un ebook esaudente con pochi link pubblicitari.

Un altro argomento vincente è la musica, visto che la maggior parte delle ricerche su Emule si basano sulle canzoni. Potresti ad esempio creare degli ebook contenti informazioni sugli attuali cantanti di successo:

- Testi musicali
- Discografia
- Spartiti
- Album
- Accordi

Ad un mio amico, appassionato di Vasco Rossi, gli ho consigliato di realizzare e condividere un file PDF simile su Emule, contenenti centinai di testi e spartiti che da anni raccoglieva sul suo computer. Al termine ha pubblicizzato il suo blog ed in pochi giorni ha ottenuto uno strepitoso incremento di visitatori. Magari se anche tu hai la passione per un cantante di successo, potresti creare un ebook inserendo tutte queste informazioni, abbellendolo con immagini ed al termine pubblicizzare la raccolta completa di album di quel cantante in vendita su Ebay.

SEGRETO n. 15: Crea ebook sugli attuali cantati di successo, composti da testi, spartiti, album...

Se proprio non sei in grado di realizzare un ebook, non c'è problema. Puoi sempre utilizzare il lavoro degli altri, a patto che ti autorizzino a diffonderlo anche a scopo di lucro.

Tu penserai che in giro non esiste una guida di ottima qualità, con argomenti vincenti e che è possibile diffondere. Invece sì. La risposta la trovi nella sezione "Guide" dello stesso sito della Bruno Editore. In questa parte del sito, troverai una serie di guide gratuite, sui seguenti argomenti: Autostima, Amore, Seduzione, Lavoro, Ricchezza, PNL.

Noterai che ogni argomento è suddiviso in capitoli. Il mio consiglio è di copiare il testo di ciascun capitolo ed incollarlo in un unico file Word.

SEGRETO n. 16: Su Bruno Editore puoi trovare ottime guide gratuite su argomenti vincenti.

La diffusione di queste guide è *consentita* ***solo*** *per promuovere gli stessi prodotti di Bruno Editore.* Pertanto non è possibile allegare pubblicità di altri prodotti relativi ad altri programmi di affiliazione che non appartengano allo stesso autore. Dovrai inoltre specificare che l'autore delle guide è l'ing. Giacomo Bruno e la Bruno Editore, quindi ti consiglio di impostare nel seguente modo la prima pagina, variando opportunamente il formato dei caratteri:

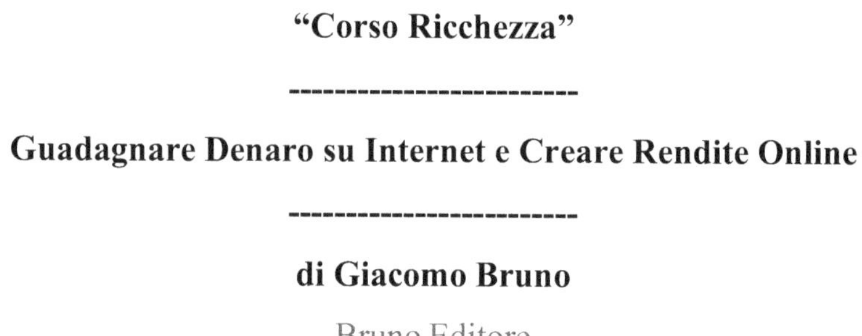

"Corso Ricchezza"

Guadagnare Denaro su Internet e Creare Rendite Online

----

di Giacomo Bruno

Bruno Editore

Distribuito da: TUO NOME

Al termine della guida, puoi pubblicizzare il link dell'ebook completo ed approfondito, presente nello stesso sito e relativo al medesimo argomento. Successivamente troverai, per ogni guida gratuita, il corrispondente prodotto completo in vendita sul sito di Bruno Editore:

- Autostima →	http://www.emozioni-Bruno Editore
- Amore e Seduzione →	http://www.seduzione.net
- Lavoro →	http://www.obiettivi-eccellenti.net
- Ricchezza →	http://www.corso-ricchezza.net
- PNL →	http://www.pnl-segreta.net

Grazie all'elevata qualità delle guide, la diffusione sarà immediata ed inoltre, ci saranno ottime possibilità che l'utente decida di acquistare l'ebook completo e tu guadagnerai una provvigione sulla vendita (nel capitolo successivo vedrai come).

Queste guide gratis offerte dal sito della Bruno Editore sono molto ricche e dettagliate, pertanto puoi ricavarne altre, prelevando uno o più argomenti da esse. Ad esempio, potresti ricavare un breve ebook su come investire in borsa, con alcuni argomenti presenti nella guida "Ricchezza" e poi pubblicizzare i tre ebook completi: Investire in Borsa, Trading Online & Opzioni e La Borsa dal 1897 al 2030. Nello stesso modo puoi creare:

- Ebook "Tecniche di Vendita", prelevando gli opportuni argomenti dalla guida "Lavoro" e pubblicizzando il Videocorso di VENDITA & NEGOZIAZIONE.
- Ebook "Parlare in Pubblico", tratto dagli argomenti della guida "Lavoro" e pubblicizzando il Videocorso di PUBLIC SPEAKING.
- Ebook "Memoria e Lettura Veloce", sempre tratto dalla guida "Lavoro" e pubblicizzando l'Ebook Lettura Veloce 3x ed il Videocorso di MEMORIA & LETTURA VELOCE.
- Ebook "Vincere le Fobie", tratto da alcuni argomenti della guida "Autostima" e da altri della guida "PNL", pubblicizzando il videocorso "Ipnosi & Relax".

Sempre nello stesso sito della Bruno Editore, precisamente nella pagina RISERVATA:

http://www.Bruno Editore/autostima/download.php

è possibile scaricare altri ottimi ebook da utilizzare per la diffusione:

- Ebook RAGGIUNGI I TUOI OBIETTIVI
- Ebook COMUNICAZIONE EFFICACE

- Ebook RENDITE DA 32.400€
- Ebook SEDUZIONE

Anche in questo caso devi rispettare le stesse regole indicate in precedenza:

- il riconoscimento del legittimo autore: ing. Giacomo Bruno e Bruno Editore
- possibilità di pubblicizzare esclusivamente prodotti Bruno Editore

Un altro sistema per ottenere delle ottime guide da diffondere senza doverle scrivere, consiste nell'acquistare su Ebay gli ebook con **diritto di rivendita**. Basta che tu cerchi nel sito la parola "resell right" e ne troverai a centinaia, a partire dal prezzo di un centesimo di euro. Naturalmente troverai anche ebook con prezzi più alti (comunque inferiori ai 10€) ma avranno una qualità maggiore ed il mio consiglio e di fare qualche piccolo investimento, ne avrai un grosso ritorno economico.

Il diritto di rivendita, per la maggior parte dei casi, è valido fintanto che il contenuto del ebook non venga in qualche modo modificato. A questo punto ti chiederai com'è possibile allegare link pubblicitari se non puoi modificare l'ebook. La risposta è semplice. Devi creare un nuovo foglio Word o Excel, in cui inserisci sia l'ebook che hai acquistato, sia i tuoi link da affiliato.

Per allegare l'ebook in un file Office devi selezionare dal menù "Inserisci" l'opzione "Oggetto" ed andare nell'area "Crea da file". Nel campo "Nome file" dovrai indicare l'ebook acquistato e poi devi cliccare "Visualizza come icona".

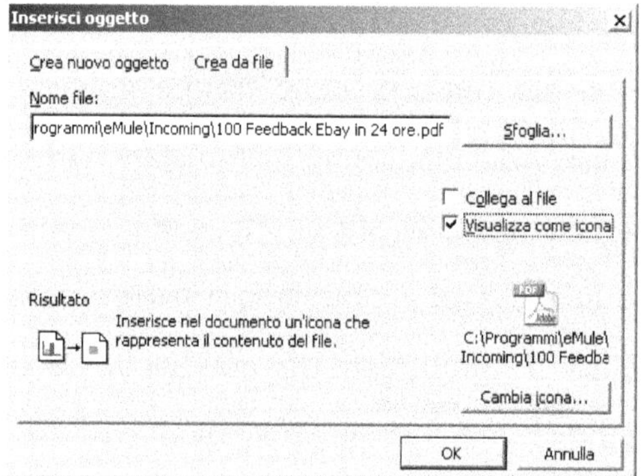

Facendo così, l'ebook che hai acquistato sarà contenuto nello stesso file Office ed è solo quello che dovrai condividere in rete, così l'utente per visualizzare la guida dovrà anche vedere la tua pubblicità.

Ti consiglio di inserire oltre ai link di affiliato anche qualche foto del prodotto che stai pubblicizzando. Potresti dividere il file Office in due parti, quella superiore in cui allegherai l'ebook e quella inferiore dove metterai le foto ed i link pubblicitari.

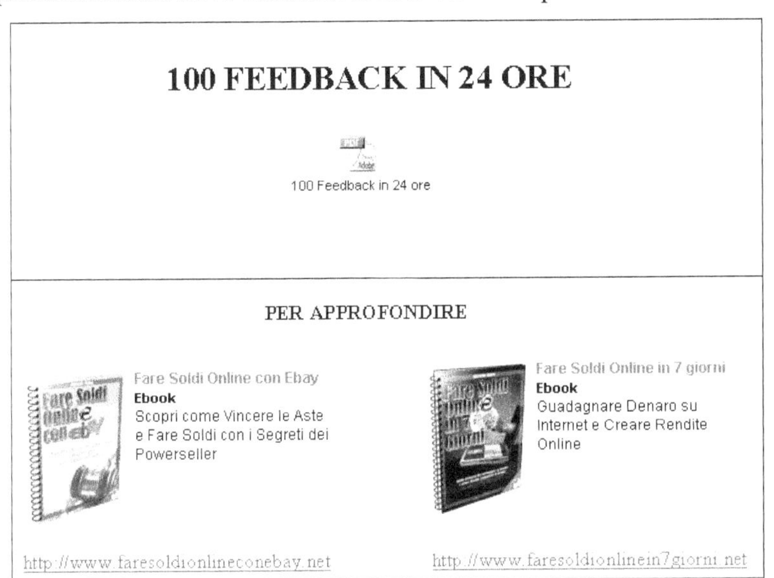

SEGRETO n. 17: Sfrutta gli ebook "resell right" in vendita su Ebay, allegandoli in file Office con link pubblicitari.

In ogni caso, prima di diffondere gratuitamente in rete un ebook "resell right", ti consiglio di chiedere l'autorizzazione al venditore, tramite email, informandolo che non modificherai il contenuto.

RIEPILOGO DEL GIORNO 2:

- SEGRETO n. 10: La realizzazione di un ebook in formato PDF offre numerosi vantaggi.
- SEGRETO n. 11: Scopri su Ebay quali sono gli ebook più costosi e basa la tua guida su quell'argomento.
- SEGRETO n. 12: Altri argomenti vincenti sono gli ebook sponsorizzati su Google.
- SEGRETO n. 13: Realizza il tuo ebook ispirandoti a guide scaricate su Emule, senza copiarle.
- SEGRETO n. 14: Realizza un ebook esaudente con pochi link pubblicitari.
- SEGRETO n. 15: Crea ebook sugli attuali cantati di successo, composti da testi, spartiti, album…
- SEGRETO n. 16: Su Bruno Editore puoi trovare ottime guide gratuite su argomenti vincenti.
- SEGRETO n. 17: Sfrutta gli ebook "resell right" in vendita su Ebay, allegandoli in file Office con link pubblicitari.

Giorno 3: Realizzare Videocorsi Vincenti

Altri tipi di file, largamente diffusi in rete, non solo su Emule, sono i videocorsi.

Non farti spaventare dall'idea di dover creare un video, non è necessario essere né attori, né registi! Con le tecniche che ti illustrerò in seguito, scoprirai quant'è facile la realizzazione di un filmato.

Prima di passare alla realizzazione vera è propria del video, facciamo uno studio sull'argomento del tuo videocorso. A differenza degli ebook, in rete c'è meno concorrenza, quindi hai una vasta scelta di idee su come basare il tuo video.

Il mio consiglio però è quello di attenerti sempre agli argomenti illustrati in precedenza: fare soldi, seduzione, informatica, trading, vincere in borsa, web marketing, PNL. Scegliendo questi argomenti, hai ottime possibilità di avere successo, primo perché come abbiamo già visto in precedenza, sono molto ricercati, e secondo perché avresti delle ottime basi su cui ispirati, cioè le stesse guide della Bruno Editore: Amore, Seduzione, Lavoro, Ricchezza, PNL, Autostima. Quindi il mio consiglio è quello di realizzare un breve videocorso della durata massima di 2 minuti, per non annoiare troppo l'utente e di dimensioni non superiori ai 100Mb per rendere la visione fluida.

SEGRETO n. 18: Realizza un videocorso ispirandoti alle guide gratuite della Bruno Editore.

Ora che conosci l'argomento su cui realizzare il tuo videocorso, veniamo alla sua struttura. Nella prima parte devi **entusiasmare** l'utente che guarda il video, indicando i vantaggi che offre la guida. Ad esempio, se stai creando un videocorso su come perdere peso, invece di intitolarlo "Guida su come perdere peso" risulterà meglio "Ti piacerebbe perdere chili mangiando ciò che vuoi?". In questo modo l'utente sarà più entusiasta, perché vengono evidenziati i vantaggi.

La seconda parte è il cuore del video. Devi **illustrare** e spiegare l'argomento in questione: Autostima, Amore, Seduzione, Lavoro,

Ricchezza, PNL. Visto che non è la guida vera e propria, non devi dilungarti troppo, ma comunque devi essere completo.

In seguito, dovrai occuparti di dare **sicurezza** e garanzie su ciò che hai illustrato. Ad esempio, se stai creando un videocorso sulla ricchezza e spieghi all'utente che con quella guida gli permetterai di guadagnare 2.000€ al mese, dovrai pure dimostrarglielo, altrimenti penserà che avrà visionato la solita buffonata presente su internet, che promette rendite da capogiro ed alla fine non rende neanche un centesimo di euro. Quindi ti consiglio di dar prova dei risultati, con testimonianze di persone che hanno già provato quella guida.

Se ti affidi a siti internet competenti, avere testimonianze sarà l'ultimo dei tuoi problemi, anzi, non sarà per niente una preoccupazione. Ad esempio, se pubblicizzi un prodotto in vendita su Ebay, grazie al sistema dei feedback, i tuoi potenziali clienti avranno una vera e propria garanzia di serietà dei venditori. Oppure se pubblicizzi un prodotto Bruno Editore, nelle relative pagine web, gli utenti troveranno decine di testimonianze ed un certificato di garanzia che assicura la sostituzione dell'acquisto per qualsiasi motivo.

Se segui queste regole è molto probabile che l'utente rimanga soddisfatto di questo breve corso e deciderà sicuramente di approfondire l'argomento, acquistando poi la guida completa e dettagliata che stai pubblicizzando. Quindi non resta altro che inserire l'ultima parte, che consiste appunto nel pubblicizzare il prodotto che devi vendere.

SEGRETO n. 19: Il videocorso deve prima entusiasmare, poi illustrare l'argomento, dare sicurezze ed infine pubblicizzare un prodotto.

Nell'Ebook Fare Soldi Online con Blog e Mini Siti c'è una parte della guida che spiega come motivare, informare e rassicurare i clienti. Anche se questa struttura viene utilizzata per la costruzione di minisiti, va benissimo anche per un videocorso, poiché c'è molta analogia tra un sito che vende un prodotto ed un video che ne illustra e pubblicizza un'altro.

Ora che hai le basi del videocorso, passiamo alla realizzazione vera è propria. Sicuramente a casa possiedi almeno uno strumento per la realizzazione di un video: una webcam, una videocamera digitale, un cellulare con fotocamera o una macchina fotografica digitale. Questi dispositivi consentono di registrare video in formati molto diffusi, quali AVI e MPG. Inoltre, la maggior parte di questi strumenti sono muniti di interfacce per scaricare i file su computer: cavi USB, software dedicati, ecc.

SEGRETO n. 20: Per realizzare il tuo video usa videocamere, cellulari o webcam.

Nel mondo dei computer, i video non vengono realizzati solo con fotocamere o videocamere. Esiste anche un altro sistema, che consiste nel "catturare" tutto ciò che è presente sullo schermo del PC. Non si tratta solo di "fotografare" una singola immagine, bensì di creare un vero filmato di ciò che si fa sul video.

Ad esempio, questi programmi possono essere utili nel caso in cui vorresti realizzare un filmato sul funzionamento di Google. Avviando la registrazione, potresti aprire internet explorer, andare sul sito di Google, illustrarne il funzionamento, mostrando come si effettua una ricerca di un sito web e magari spiegare il funzionamento di Google Earth.

Su internet puoi trovare decine di software che consentono la "cattura" del video, basta che tu digiti da un qualsiasi motore di ricerca una delle seguenti stringhe:
- video capture
- cattura video
- cattura schermo

Uno dei più semplici software che ho trovato in rete, è sicuramente Super Screen Capture.

SEGRETO n. 21: Il software "Super Screen Capture" consente di creare filmati dallo schermo del tuo PC.

Una volta installato, il programma risulterà sempre disponibile con un'icona presente in basso a destra, vicino all'orologio ed ogniqualvolta che ne avrai bisogno, basterà fare doppio click e si aprirà una barra del seguente tipo:

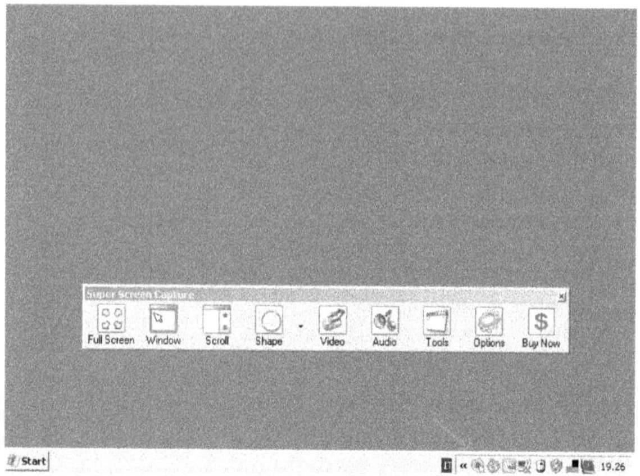

Il programma possiede diverse funzioni, ma quella che a noi interessa di più è quella per la creazione di video. Questa operazione avviene cliccando il pulsante "Video", con cui si aprirà una finestra del seguente tipo:

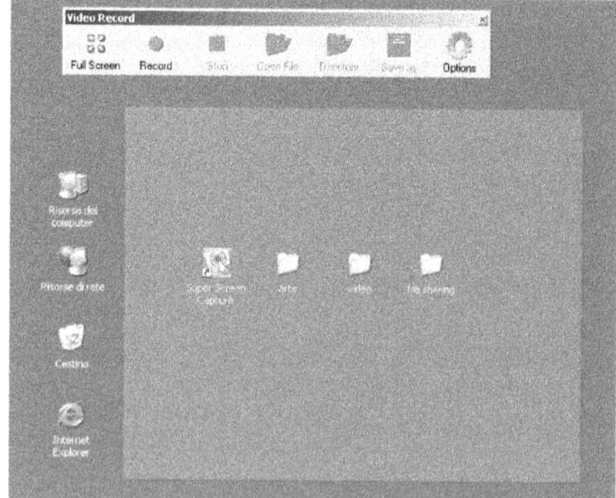

L'area evidenziata in verde, rappresenta la parte che sarà "registrata". Quest'area può essere tranquillamente dimensionata a tua scelta, tenendo premuto il tasto sinistro del mouse su uno dei quattro angoli. Ti consiglio di non registrare lo schermo intero, perché otterresti un file di dimensioni eccessive.

Nel momento in cui premi il pulsante "Record", tutto ciò che farai in quell'area sarà registrato, fin quando non avrai premuto il tasto "Stop". Dopo di che puoi decidere di salvare la registrazione in formato AVI, premendo il pulsante "Save As" oppure di cancellare il filmato premendo "Restart".

E' particolarmente utile sostituire la pressione dei pulsanti "Record" e "Stop" con il tasto F8, in questo modo eviti che venga registrato il movimento del puntatore del mouse che va in basso e poi in alto per avviare e fermare la registrazione. Sono semplici consigli, ma ti assicuro che fanno la differenza ed aiutano a migliorare la qualità del video.

L'unico svantaggio che presenta Super Screen Capture è che viene rilasciato con licenza Shareware, cioè viene fornito in prova per un certo periodo e poi limita le sue funzioni. Un altro software di screen capture molto semplice, presente in rete con licenza Freeware, è CamStudio, che permette di registrare filmati video delle attività svolte sul desktop. Inoltre, con questo software, è possibile integrare l'audio nel filmato attraverso il microfono.

SEGRETO n. 22: Il software "CamStudio" è analogo a "Super Screen Capture" col vantaggio che è freeware.

Anche questo programma è molto semplice ed intuitivo. Una volta installato e lanciato, si aprirà la finestra principale:

La registrazione del video avviene premendo F8 oppure il pulsante "Record" (cerchietto rosso), mentre per fermare la registrazione, devi premere F9 oppure il pulsante "Stop" (quadratino blu). Per mettere in pausa e per riavviare la registrazione devi premere F8 oppure il pulsante "Pause" (piccoli rettangoli grigi).

Per abilitare la registrazione dell'audio dal microfono, devi selezionare l'opzione "Record audio from microphone" dal menù "Options". Nel momento in cui avvii la registrazione, devi definire la posizione e la dimensione dell'area da catturare, tenendo premuto il tasto sinistro del mouse, fino a stabilire il formato dell'area. Dopo aver definito l'area, partirà automaticamente la registrazione e quando avrai concluso ed avrai premuto il pulsante "Stop", si aprirà una finestra in cui dovrai indicare il nome ed il percorso del file del tuo filmato da salvare in formato AVI.

Una funzione molto interessante di CamStudio sono le "Screen Annotations", cioè dei titoli grafici che compaiono durante la registrazione, molto utili per pubblicizzare il sito del prodotto a cui sei affiliato. L'inserimento di questi titoli avviene selezionando l'opzione "Screen Annotations" dal menù "Tools", con cui si aprirà una finestra di lavoro, dove non ti resta altro che scegliere la forma, le dimensioni e gli effetti del testo.

Le sequenze di un video, non sono costituite solo da filmati, ma anche da immagini, che unite insieme ad altre possono comporre un ottimo video. Su internet di certo non ti mancheranno queste risorse, ma devi fare sempre molta attenzione a non violare i diritti altrui. Però, se per esempio pubblicizzi una guida per vincere le aste con Ebay e prendi qualche immagine di una pagina di questo stesso sito di aste online, per illustrarne il funzionamento, non penso che tu abbia violato il copyright, anzi darai maggiore pubblicità al sito stesso.

Per "catturare" le immagini del video, devi premere il tasto "Stamp" presente sulla tastiera e poi devi aprire il programma dei disegni di Windows, cioè il Paint (nella cartella accessori), da qui, seleziona la voce "Incolla" dal menù "Modifica" ed il gioco è fatto!

Dato che il Paint, salva i file in formato BMP che risultano molto "pesanti" in termini di dimensioni, ti consiglio di "alleggerirli" convertendoli in formato GIF.

SEGRETO n. 23: Costruisci il tuo video usando immagini catturate dallo schermo e convertite in formato GIF.

Esistono numerosissimi programmi su internet che consentono questa conversione, tra cui Animagic. L'operazione di conversione con questo programma è semplicissima. Basta che apri l'immagine BMP e poi con l'opzione "Save as" lo salvi scegliendo il formato GIF e noterai che il tuo file presenterà una dimensione molto ridotta rispetto a prima.

Ora che possiedi i "pezzi" del tuo video, cioè le foto ed i filmati, non resta altro che montarli, cioè unirli, operazione possibile con un programma di video editing. Ne hai già uno a disposizione installato sul tuo PC. Viene fornito con Windows, si trova nel menù programmi e si chiama Windows Movie Maker. Questo programma di video editing è molto utile, perché consente di montare il video ed aggiungere narrazioni, musica, titoli, effetti.

SEGRETO n. 24: Usa Windows Movie Maker per montare il tuo video.

Dopo aver lanciato il Windows Movie Maker, apparirà una finestra del seguente tipo:

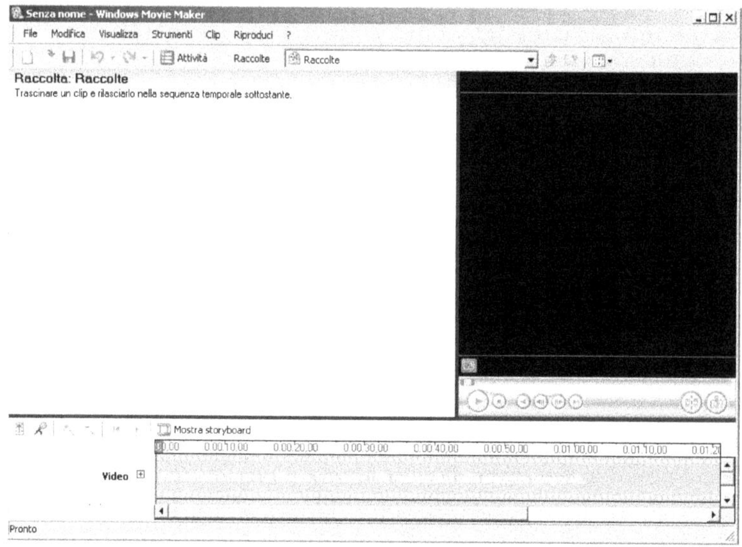

Innanzitutto, devi selezionare dal menu File, l'opzione "Importa nelle raccolte". Da qui si aprirà una finestra in cui potrai scegliere una serie di file dal tuo PC: video, immagini, suoni.

Dopo che hai scelto tutti i file che comporranno il tuo video, non resta altro che collegarli insieme nella sequenza da te scelta. Per fare ciò, devi trascinare in ordine di comparsa i file presenti nell'area raccolta, fino alla sequenza temporale presente in basso:

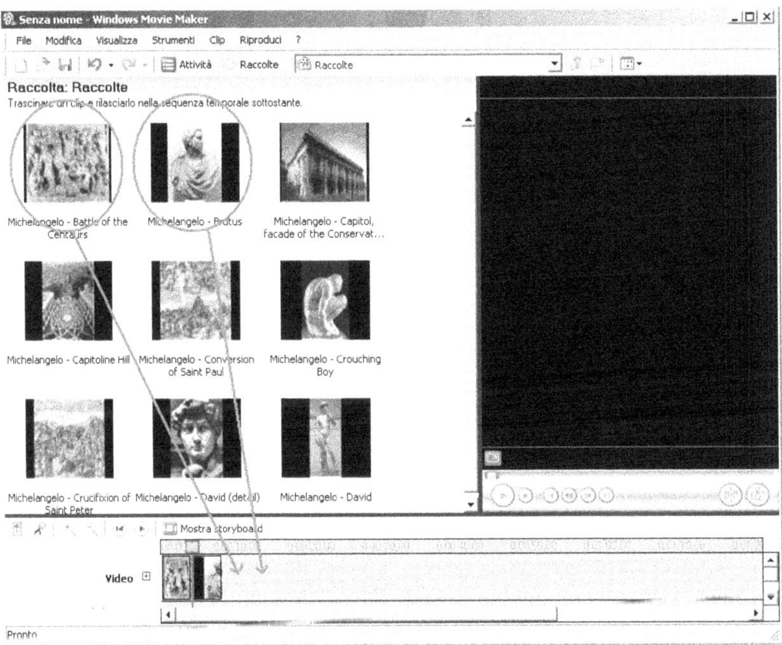

Per impostare la durata di visualizzazione delle immagini, scegli dal menù "Strumenti" la voce "Opzioni" e poi vai in "Avanzate" dove troverai il campo "Durata Immagine" che normalmente è impostato a cinque secondi. Invece, per quanto riguarda i video, la sequenza successiva passerà automaticamente al termine degli stessi.

A questo punto è possibile arricchire il video con l'aggiunta di titolo di testa e di coda, utili soprattutto per indicare il sito da pubblicizzare. Per effettuare tale operazione scegli dal menù "Strumenti" la voce "Titoli e Riconoscimenti". Qui è possibile scegliere con diverse opzioni il punto in cui aggiungere il titolo: all'inizio del filmato, alla fine.

SEGRETO n. 25: Aggiungi nel video titoli per pubblicizzare il tuo prodotto.

Terminata la fase dell'aggiunta dei testi, puoi passare all'inserimento della narrazione, cioè alla parte audio del film. L'operazione è molto semplice, devi selezionare la voce "Narrazione su sequenza temporale" dal menù "Strumenti", da qui si aprirà una finestra e premendo il pulsante "Avvia narrazione", partirà il video e contemporaneamente col microfono devi procedere alla registrazione dell'audio, in questo modo la sequenza video e audio saranno perfettamente sincronizzate.

Come illustrato nel videocorso di Public Speaking della Bruno Editore, non basta avere un qualcosa da comunicare, l'importanza è del "come" comunichiamo. E' essenziale saper modulare i propri toni, fare le giuste pause per creare attenzione e dare risalto con la voce ad alcune frasi e concetti più importanti.

SEGRETO n. 26: Completa il video con la narrazione audio, modulando opportunamente il tono di voce.

Terminata questa operazione, devi premere il pulsante "Interrompi narrazione", ti sarà richiesto di salvare il file audio, dopo di che, dal menù "Riproduci" scegliendo l'opzione "Riproduci Clip", potrai finalmente vedere il tuo video completo.

Ci sono altre funzioni utili in questo programma, tra cui gli effetti video e la gestione delle transizioni, cioè per stabilire il modo in cui avviene il passaggio tra una sequenza e l'altra. Lascio divertire te con queste funzioni quando diventerai più esperto!

Una volta realizzato il video, ti consiglio di salvarlo, scegliendo l'opzione "Salva filmato", in uno dei formati più diffusi: MPEG4,

MOV, AVI o MPG. Il miglior formato è MPEG4 con una risoluzione di 320x240. Inoltre, questo formato è molto “leggero” e consente una fluida visione del video.

Nelle pagine seguenti, ti illustrerò la **struttura di alcuni dei miei videocorsi**, che ho realizzato in prima persona e che mi hanno portato ad un ottimo ritorno di visitatori, click e provvigioni. Inoltre, i miei profitti sono notevolmente aumentati dopo aver trasformato questi videocorsi in ebook e dopo averli diffusi nei software di file sharing.

Puoi sfruttarli come ottimi modelli per la creazione dei tuoi videocorsi e per far pratica con i software che ti ho illustrato, inoltre, avendo già una base, puoi usarli per esercitarti alla realizzazione dei tuoi filmati.

Puoi realizzare il video in due modi: il primo, consiste nel “catturare” le immagini dei vari siti pubblicizzati e poi montarle, oppure potresti avviare la registrazione con CamStudio ed illustrare passo-passo il funzionamento del sito in modo dettagliato.

1° Videocorso "100 Feedback Ebay in 24 ore"

- Ciao e grazie di esserti interessato a "100 Feedback Ebay in 24 ore". Una tecnica straordinaria che ti consente di essere "classificato" come ottimo venditore, nel più noto sito di aste online.

- La prima fase prevede la creazione di un nuovo account su Ebay, il noto sito di aste online.

- Successivamente, dalla home page del sito, effettua una ricerca di tutti i prodotti, impostando come ordine crescente il prezzo. In

questo modo avrai per primi i prodotti più economici: ebook, fotografie, sfondi…

- Acquista almeno 100 prodotti da venditori diversi, al costo di un centesimo.

- Facendo così, con un solo euro, avrai guadagnato 100 feedback, ottenendo la fama di ottimo venditore.

- Questa tecnica è solo una dei numerosissimi trucchi e segreti del famoso Ebook "Fare Soldi Online con Ebay". Per maggiori informazioni consulta il sito:

http://www.faresoldionlineconebay.net

- Grazie per l'attenzione.

2° Videocorso "Velocizzare Emule"

- Ciao e grazie di esserti interessato a "Velocizzare Emule". Una raccolta di tecniche, trucchi e segreti per incrementare la velocità di download del più noto software di condivisione file.

- La principale regola di Emule è: più offri file in rete e più scarichi velocemente. Pertanto, è fondamentale porre il limite di upload al massimo consentito, cioè 28 kb/s.

- Non pensare che se tanti utenti scaricano contemporaneamente dal tuo computer, sarà più lenta la tua connessione. Con l'ADSL le bande di upload e download sono differenti.

- Le differenze fra le priorità dei file condivisi sono importanti, perciò non modificarle mai. Lascia che sia Emule a gestirle in automatico.

- Se utilizzi Emule per la prima volta, lascia il tuo PC acceso almeno per una notte, per guadagnare crediti.

- Per ottenere maggiori prestazioni in termini di velocità, prova la nuova versione di Emule NG che consente di scaricare fino a 700Mb in 25 minuti. Informati su http://www.emule-ng.com.

- Oppure acquista su Ebay la patch per scaricare fino a 640 kb al secondo.

- Grazie per l'attenzione.

3° Videocorso “Guadagnare con Google”

- Ciao e grazie per esserti interessato a "Guadagnare con Google". Se mi dedichi 2 minuti ti spiegherò come guadagnare fino a 3.000€ al mese con internet, lavorando meno di 5 minuti al giorno.
- La prima fase prevede la registrazione ad uno dei tanti Programmi di Affiliazione presenti su Internet. Sono siti che offrono una provvigione per ogni loro prodotto che vendi.
- Col programma di affiliazione della Bruno Editore, per ogni prodotto che vendi, guadagni una provvigione del 30%. Una delle più alte in Italia: www.Bruno Editore/partner.
- Ad esempio, se vendi un videocorso sulla seduzione, il cui costo è pari a 99€, guadagni una provvigione di circa 30€.
- Pubblicizza il prodotto da vendere sul motore di ricerca Google, con un annuncio sponsorizzato, andando sul sito www.adwords.google.it.
- Crea un annuncio pubblicitario, adatto al prodotto che devi vendere. Ad esempio:

Come Sedurre

Diventa un Abile Seduttore

Videocorso Completo in DVD. 99€

www.seduzionerapida.net

- Indica con quali parole chiave, deve apparire il tuo annuncio, ad esempio: seduzione, conquistare una donna, ecc.

Google possiede uno strumento chiamato "selettore di parole chiave", che genera automaticamente altre parole: https://adwords.google.com/select/KeywordToolExternal.

- Imposta il costo per click, cioè il prezzo che paghi ogni qual volta viene cliccato il tuo annuncio. Dieci centesimi di euro può essere un prezzo competitivo.

- Il tuo annuncio verrà mostrato su Google ogni volta che un utente ricerca la parola chiave da te scelta.

In media, con 100 click, cioè 10€ di spese pubblicitarie, vendi un prodotto, ricavi una provvigione di 30€, guadagnandone 20.

- Vendendo in media 5 prodotti al giorno, dello stesso tipo, guadagnerai circa 100€, vale a dire 3.000€ al mese.

- Queste cifre valgono se vendi un solo tipo di prodotto. Sul sito della Bruno Editore ce ne sono 50 tipi differenti: http:// Bruno Editore/shopping.

Calcola ora il tuo guadagno!

- Ci sono più di 2.800 Affiliati che possono confermarti queste cose: www.Bruno Editore/partner.

- Per avere i dettagli necessari per avviare questo favoloso business, per conoscere i trucchi ed i segreti per contrastare la concorrenza e spendere il minimo di pubblicità ed ottenere il massimo del guadagno, consulta il sito: www.FareSoldiOnlineConGoogle.it.

- Grazie per l'attenzione.

4° Videocorso "Fare Soldi con Emule e YouTube"

- Ciao e grazie per esserti interessato a "Fare Soldi con Emule e YouTube". L'ebook ti fornisce i Trucchi e Segreti per Fare Soldi con Risorse Web Gratuite.

- Uno dei modi più efficaci per far soldi con internet consiste nel registrarsi ad uno dei tanti Programmi di Affiliazione. Sono siti che ti offrono una provvigione per ogni loro prodotto che vendi.

- Col programma di affiliazione di TradeDoubler, per ogni prodotto che vendi, ad esempio un IPOD della Apple, guadagni una provvigione.

- Per vendere un prodotto, bisogna pubblicizzarlo con una delle tante risorse internet:

- 1° Risorsa: Google AdWords
descrizione: Annunci Sponsorizzati
costo pubblicità: Mediamente si vende un prodotto ogni 100 click sull'annuncio. Il costo per i non esperti va dai 40 ai 60€
concorrenza: Altissima
quantità vendite giornaliere: Alta

- 2° Risorsa: Ebay
descrizione: Aste Online e prodotti al prezzo fisso
costo pubblicità: Prevista tariffa di pubblicazione e percentuale sulle vendite del prodotto
concorrenza: Alta
quantità vendite giornaliere: Bassa o nulla

- 3° Risorsa: Yahoo Search Marketing
descrizione: Annunci Sponsorizzati

costo pubblicità: Mediamente si vende un prodotto ogni 100 click sull'annuncio. Il costo per i non esperti va dai 30 ai 50€

concorrenza: Alta

quantità vendite giornaliere: Media

- Come vedi, a causa dell'alta concorrenza, per ogni prodotto che vendi, le spese di pubblicità superano la provvigione sulla vendita.

- Vediamo però un'altra risorsa: Emule

descrizione: Software di condivisione file

costo pubblicità: Nulla

concorrenza: Bassa o nulla

quantità vendite giornaliere: A regime, molto alta

- Grazie a questa nuova forma di pubblicità gratuita, avrai solo guadagni **senza alcuna spesa**.

- TradeDoubler raccoglie tantissimi programmi di affiliazione di tanti altri prodotti. I tuoi guadagni saliranno alle stelle!

- Approfitta subito di questo nuovo business a costo zero. Diventerai ricco perché per ora non c'è concorrenza ed avrai l'esclusiva su questo nuovo mercato. Per avere i dettagli necessari per avviare questo favolosa attività e per conoscere i trucchi ed i segreti di questo business, consulta il sito:
www.Zefirante.it

- Grazie per l'attenzione.

5° Videocorso "Accettare Pagamenti Online con Carte di Credito"

- Ciao e grazie per esserti interessato ad "Accettare Pagamenti Online con Carte di Credito". La guida che ti illustra come accettare pagamenti sul tuo sito di e-commerce.
- Il miglior sistema di gestione pagamenti su internet è Paypal.
- Questo sistema non comporta nessuna spesa fissa. Paghi solo il 4% di spese se acquistano un tuo prodotto.
- Con questo conto puoi accettare sul tuo sito, pagamenti con le principali carte di credito: Visa e MasterCard.
- Per inserire sul tuo sito questo metodo di pagamento, apri gratuitamente un conto virtuale su Paypal.
- Vai su "Strumenti per Commercianti" e clicca il link "Pulsanti Paga Adesso".
- Riempi il modulo con le informazioni del prodotto che devi vendere: nome, prezzo... e poi clicca su "Crea Pulsante".
- A questo punto il sistema ti restituirà il codice Html da mettere nel tuo sito web, in modo che in quest'ultimo apparirà un pulsante per effettuare i pagamenti.

- Ogni volta che un utente cliccherà su “Paga Adesso” ed effettuerà il pagamento, entrambi riceverete una email di conferma.
- Il pagamento ti sarà accreditato istantaneamente sul tuo conto Paypal.
- Per trasferire i tuoi soldi da Paypal al tuo conto corrente bancario, vai su "Il mio conto" e poi su "Preleva".
- A questo punto ti verranno chiesti i dati del tuo conto corrente bancario, su cui vuoi trasferire l’importo che desideri.
- Grazie per l'attenzione.

RIEPILOGO DEL GIORNO 3:

- SEGRETO n. 18: Realizza un videocorso ispirandoti alle guide gratuite della Bruno Editore.
- SEGRETO n. 19: Il videocorso deve prima entusiasmare, poi illustrare l'argomento, dare sicurezze ed infine pubblicizzare un prodotto.
- SEGRETO n. 20: Per realizzare il tuo video usa videocamere, cellulari o webcam.
- SEGRETO n. 21: Il software "Super Screen Capture" permette di creare filmati dallo schermo del tuo PC.
- SEGRETO n. 22: Il software "CamStudio" è analogo a "Super Screen Capture" col vantaggio che è freeware.
- SEGRETO n. 23: Costruisci il tuo video usando immagini catturate dallo schermo e convertite in formato GIF.
- SEGRETO n. 24: Usa Windows Movie Maker per montare il tuo video.
- SEGRETO n. 25: Aggiungi nel video titoli per pubblicizzare il tuo prodotto.
- SEGRETO n. 26: Completa il video con la narrazione audio, modulando opportunamente il tono di voce.

Giorno 4: Fare Soldi con le Affiliazioni

Veniamo ora alla parte più importante di questa guida, che ti spiega come raggiungere il tuo scopo: **fare soldi.**

La pubblicità è la base del commercio. Infatti, potresti anche creare un'autovettura che cammina ad acqua, ma se non mostri a tutti il tuo prodotto con la pubblicità, nessuno ne sarà mai a conoscenza e di conseguenza non ne venderai neanche uno.

In questa guida ti illustrerò le tecniche per far conoscere al mondo interno un prodotto o un servizio da vendere per trarne profitto. Ma quale prodotto o servizio pubblicizzare? Hai due possibilità: la prima è quella di pubblicizzare un tuo prodotto o un tuo servizio; la seconda è quella di pubblicizzare il prodotto o il servizio di altre aziende.

SEGRETO n. 27: Per guadagnare su internet devi pubblicizzare un tuo prodotto che vendi o quelli degli altri.

Se hai scelto la prima possibilità, dovrai occuparti di realizzare il tuo prodotto, costruire un sito internet che lo pubblicizzi, gestire i pagamenti, dare assistenza ai clienti ed allora in questo caso, ti consiglio vivamente di approfondire l'argomento con una delle migliori guide presente sul mercato l'Ebook Fare Soldi Online in 7 giorni.

Se invece hai scelto la seconda possibilità, devi cercare ed iscriverti ad un programma di affiliazione, cioè vendere il prodotto o il servizio di altre aziende che ti offriranno una provvigione, cioè una percentuale sulle vendite. Il vantaggio dei programmi di affiliazione è che devi occuparti solo della vendita, il resto è a carico dell'affiliante: la gestione del sito internet, i pagamenti, l'assistenza ai clienti, le spedizioni, ecc.

SEGRETO n. 28: Con i programmi di affiliazione guadagni velocemente e non hai incarichi commerciali.

Veniamo ora ad una questione molto delicata, la scelta del programma di affiliazione. Attraverso i motori di ricerca puoi trovare centinaia di programmi di affiliazione, ma è meglio seguire alcune regole, poiché in rete non mancano di certo le società inaffidabili.

Nel blog del ing. Giacomo Bruno vi è una pagina dedicata alla Guida ai Programmi di Affiliazione.

Questa sezione spiega che per riconoscere un buon programma di affiliazione, devi porti sei domande:
1) I prodotti che rivendo sono di alta qualità?
E' importante che tu creda nel prodotto che vendi altrimenti non riuscirai ad essere convincente.

2) L'azienda è seria e professionale?
La professionalità di un'azienda è doppiamente importante: sia per la qualità dei suoi prodotti, sia per evitare fregature! Sono tante le aziende che sono "scappate con i soldi". Controlla sempre la storia dell'azienda, da quanti anni è in piedi, se ha la Partita Iva in home page (è obbligatoria per legge).

3) Mi danno le statistiche in tempo reale?

La cosa più importante, necessaria per verificare l'affidabilità di un programma di affiliazione è che abbia un pannello di controllo che indica una serie di informazioni dei visitatori che hai portato sul sito: numero di click ricevuti, acquisti effettuati, stato dei pagamenti. In questo modo, hai pure la possibilità di "testare" il programma di affiliazione, controllando se col tempo si incrementino i parametri indicati oppure potresti provare ad acquistare tu stesso un prodotto per verificare se ti viene data la provvigione.

4) Le vendite valgono anche tra 1 mese?
Molte aziende contano le tue commissioni di vendita solo se il cliente compra subito dopo aver cliccato sul tuo link di affiliato. Ma cosa succede se il cliente ci pensa qualche giorno e compra dopo una settimana? O dopo un mese? Perdi la commissione! Quindi cerca solo programmi che ti garantiscono il cliente per almeno 30 giorni (o meglio 1 anno).

5) Mi danno una percentuale almeno del 20%?
L'affiliazione in Italia è messa così male che la maggior parte delle aziende ti riconosce meno del 10%. Questo rende

impossibile avere margini di guadagno soddisfacenti. Cerca programmi che ti offrano almeno il 20-30%.

6) Hanno un catalogo di almeno 30/40 prodotti?
Quando tu mandi un visitatore su un sito, questa persona deve poter scegliere in un catalogo ampio, altrimenti non troverà il prodotto che fa per lui. E se anche lo trova, poi cosa succede? L'azienda si tiene il cliente, ma tu non farai altre vendite perché non ci sono altri prodotti da pubblicizzare!

Ultima domanda: è Gratis?
Scegli programmi di affiliazione gratuiti e senza obblighi, in questo modo puoi provare se funziona bene senza perdere nulla!

SEGRETO n. 29: Un buon programma di affiliazione deve soddisfare i seguenti requisiti; qualità, professionalità, statistiche aggiornate, durata cliente, provvigioni alte, ampio catalogo e gratuità.

Il più completo ed affidabile programma di affiliazione su internet è sicuramente quello di Ebay, il noto sito di aste online.

L'affiliazione con Ebay, la cui iscrizione è semplice e gratuita, prevede un guadagno fino a 25€ per ogni persona che porti sul sito, se diventerà un utente registrato attivo, cioè che faccia almeno un offerta per un'asta online o acquista un oggetto in formato "ympralo subito" entro 30 giorni dalla sua registrazione. Inoltre guadagnerai fino a 0,20 euro per ogni offerta per un'asta online o per ogni acquisto in formato "compralo subito" proveniente dal tuo sito, sia che si tratti di un utente già registrato, sia che si tratti di uno nuovo.

SEGRETO n. 30: Il programma di affiliazione di Ebay è gratis, completo ed affidabile.

Effettuata la registrazione, sarà possibile scaricare banner e link pubblicitari; quest'ultimi presenteranno il tuo codice di affiliazione, per identificarti su Ebay quando porti un utente, ad esempio:

http://clk.tradedoubler.com/click?p=1699&**a=1434410**&g=0

Ebay fornisce link pubblicitari per l'intero sito, per una categoria specifica o per un singolo prodotto.

Visto che il programma di affiliazione di Ebay è completo, poiché guadagni praticamente su ogni categoria di oggetti in asta ed in modalità "compralo subito" e poiché su questo sito si vende tutto (escluso la categoria degli oggetti vietati), puoi realizzare il tuo ebook ed il tuo videocorso su qualsiasi argomento.

Ad esempio, in questo momento ho fatto una ricerca globale su Ebay ed ho trovato 973.608 oggetti, tra aste online e compralo subito. Hai da scegliere quasi un milione di argomenti per il tuo ebook e per il tuo videocorso!

Guarda le categorie presenti nella home page di Ebay ed ispirati ad una di esse... per esempio, che lavoro fai, l'elettricista? Puoi creare un ebook ed un videocorso su come installare un impianto di antifurti in un'abitazione e pubblicizzare il link relativo ad "Antifurti e Sorveglianza" presenti nella categoria "Audio, TV, Elettronica". Non sei elettricista?! Mettiamo che sei un fotografo? Puoi realizzare una guida su come scattare fotografie spettacolari e poi pubblicizzare il link relativo ad un argomento tecnico della tua guida, ad esempio "Filtri e Lenti" della categoria "Fotografia e Video"... Le possibilità sono praticamente infinite.

Ad esempio, lavorando nel settore delle telecomunicazioni, ho creato una guida sul sistema ADSL che riguarda la risoluzione dei problemi e l'ottimizzazione della velocità di connessione. Al termine ho pubblicizzato, offerte dei modem e router ADSL presenti su Ebay, con il seguente link:

Incredibile! Modem ADSL su Ebay a partire da 1 centesimo!

I risultati sono stati molto soddisfacenti. Parecchi utenti che hanno visto la guida, non sapevano che su Ebay esistessero modem a prezzi così bassi. In molti si sono registrati al sito ed altri hanno fatto offerte sui prodotti; in entrambi i casi ho guadagnato!

Il programma di affiliazione di Ebay, si appoggia al sito TradeDoubler che raccoglie tanti altri programmi di marchi molto conosciuti: Apple, Toshiba, HP…

Anche in questo caso hai moltissime possibilità, potresti ad esempio creare una guida sui personal computer e pubblicizzare un PC della HP oppure creare un videocorso sui trucchi degli

IPOD e pubblicizzare l'ultimo modello di questo stesso prodotto della Apple... Considera che se un utente cerca guide su un prodotto, vuol dire che ne è appassionato, quindi sarà molto probabile che deciderà di fare un acquisto.

SEGRETO n. 31: TradeDoubler raccoglie i programmi di affiliazione dei più noti prodotti di marche.

Un altro sito che raccoglie molti altri programmi di affiliazione è ClickBank.

Questo sito americano raccoglie prodotti di marche meno note, ma di tutto il mondo. Vanta oltre 100.000 affiliati grazie al fatto che offre provvigioni fino al 75% e ci sono oltre 10.000 prodotti da promuovere.

SEGRETO n. 32: ClickBank raccoglie i programmi di affiliazione di marche meno note ma di tutto il mondo.

Il fatto che sia un sito straniero (in lingua Inglese) è un enorme vantaggio, poiché le risorse web presentate in questa guida, non sono diffuse solo in Italia, pertanto hai la possibilità di pubblicizzare il tuo prodotto in tutto il mondo, ottenendo guadagni strepitosi. Certo, dovrai occuparti di tradurre il tuo ebook ed il tuo videocorso in lingua Inglese, ma questo non è un problema. Basta quel poco di conoscenza scolastica di questa lingua ed un traduttore di documenti. Su internet ce ne sono diversi ed il migliore è senz'altro "Strumenti per le lingua di Google".

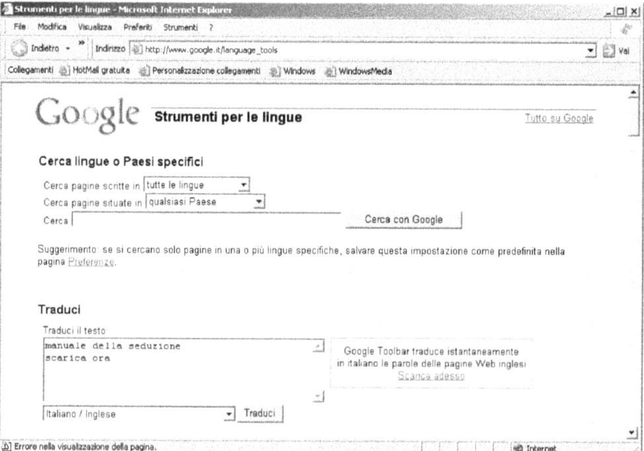

SEGRETO n. 33: Converti il tuo ebook ed il tuo videocorso in lingua Inglese, per diffonderlo in tutto il mondo, utilizzando Strumenti per la lingua di Google.

Il funzionamento di questo sito è elementare. Basta incollare nell'area "Traduci il testo" il contenuto del tuo ebook, selezionare in basso "Italiano / Inglese", premere il pulsante "Traduci" ed il gioco è fatto! Naturalmente, non dimenticare di nominare anche il file in Inglese!

Non farti spaventare dall'idea di dover tradurre la tua guida, con questo sito è semplicissimo e poi tentar non nuoce e soprattutto, nel tuo caso, non costa nulla. Dedica un po' di tempo a questa operazione, ti assicuro che ne varrà la pena. Da quando ho tradotto la mia guida ADSL in Inglese, i miei guadagni con l'affiliazione di Ebay, si sono moltiplicati. Inoltre, come spiegato in precedenza, quando acquisti su Ebay gli ebook con diritto di rivendita, la maggior parte sono in lingua Inglese e tu non dovrai fare altro che diffonderli in rete.

Un altro programma di affiliazione, molto affidabile e molto redditizio è quello di PayPal. Questo sito è fortemente utilizzato nell'e-commerce, perché consente di effettuare pagamenti su Ebay o su altri negozi online. Registrandosi gratuitamente, viene aperto un conto virtuale, dopo di che è possibile effettuare o ricevere pagamenti, con carte di credito Visa e MasterCard e con carte prepagate dei circuiti Visa Electron.

PayPal è nata nel 2000 ed a partire dall'ottobre del 2002 è stata acquisita da Ebay. Attualmente questo servizio è disponibile in 190 paesi del mondo e vanta circa 123 milioni di conti attivi.

Affiliandoti gratuitamente a PayPal, ogni volta che un nuovo commerciante sottoscrive un conto Premier o Business, tramite il tuo link o banner, inizierai immediatamente a ricevere lo 0,5% del suo volume di pagamenti, fino a un massimo di 1.000 euro.

SEGRETO n. 34: Il programma di affiliazione di Paypal consente elevati guadagni per ogni nuovo commerciante che porti sul sito.

Ti consiglio di approfittarne subito, realizzando un ebook e un videocorso (come illustrato in precedenza) che spieghi come accettare pagamenti con carte di credito sul proprio sito. Immagina i guadagni se ad esempio questa guida finisse nelle mani di un utente che voglia realizzare un sito di commercio elettronico di televisori al plasma.

Un altro programma di affiliazione pieno di possibilità, potrebbe essere quello di una completa libreria online, infatti, potresti creare qualsiasi guida, pubblicizzando il relativo libro o manuale che approfondisca il tuo argomento.

Un ottimo programma di affiliazione di questo genere è quello di Macrolibrarsi.

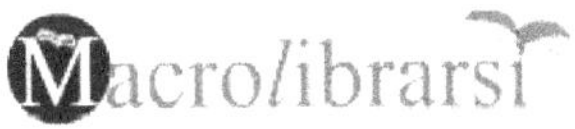

Questo programma, completamente gratuito, offre fino al 15% di provvigione su ogni vendita, che anche se sembrano basse, consentono comunque un ottimo ritorno economico, visto che le risorse web presentate in questa guida sono gratis! Le provvigioni vengono riconosciute, per tutti gli acquisti effettuati dai visitatori da te presentati, per i successivi 90 giorni dal primo contatto. Accedendo in un'area a te riservata, hai la possibilità di verificare l'andamento delle vendite associate e dei click generati in tempo reale. Ti vengono inoltre forniti tutti gli strumenti per ricavare link ed immagini personalizzate con il codice di affiliazione a te assegnato.

SEGRETO n. 35: Macrolibrarsi è un programma di affiliazione di librerie online, gratis e completo.

A mio cugino, che vive per la lettura dei libri, ho consigliato la realizzazione di un video, da aggiornare ogni mese, che mostra gli ultimi successi in libreria. Al termine gli ho fatto mettere la pubblicità di un suo blog in cui gli ho fatto inserire tutti i link di affiliato verso gli stessi libri di successo da lui presentati nel video.

Nelle prime settimane ha ottenuto un guadagno che gli ha consentito di acquistare gratuitamente i libri sullo stesso sito a cui è affiliato. E non pensare che sia poco, visto che ne legge davvero tanti! Dopo aver migliorato il suo blog e facendo pratica nella realizzazione dei videocorsi, ha iniziato pure a guadagnarci qualcosa.

Infine, *dulcis in fundo*, un ottimo programma di affiliazione, pieno di vantaggi è quello della Bruno Editore

Diventando affiliato della Bruno Editore, rivendi i prodotti per la crescita personale, professionale e finanziaria. Partecipare a questo programma di affiliazione porta a dei vantaggi incredibili:

- Per ogni prodotto venduto, ti viene corrisposta una provvigione del 30%, una delle commissioni più alte in Italia! Ad esempio, se una persona che viene dal tuo sito acquista la collezione di videocorsi a euro 1.990+iva, tu riceverai euro 597+iva!
- I pagamenti vengono corrisposti, in modo puntualissimo, trimestralmente il 25. Se ad esempio nel trimestre di Gennaio, Febbraio e Marzo ricavi 500€ di commissioni, il 25 di Aprile, ti verrà fatto un bonifico bancario direttamente sul tuo conto corrente.
- Il cliente ti viene garantito 10 anni (molto più di qualsiasi altro programma di affiliazione!), infatti, quando una persona proviene

dal tuo sito, gli viene impostato un file che lo riconosce come tuo cliente per tutto questo tempo. Quindi ogni volta che fa un ordine, anche in date differenti o per prodotti diversi, tu guadagnerai sempre tutte le commissioni.
- Il sito ti mette a disposizione un pannello di controllo con cui puoi monitorare i click, gli ordini effettuati, le commissioni ed i pagamenti. Potrai inoltre scaricare banner e pubblicità già pronte per iniziare subito. Inoltre, avrai un link per ogni prodotto Bruno Editore, col tuo codice di affiliazione, ad esempio:

Ebook Fare Soldi Online con Google
http://www.FareSoldiOnlineConGoogle.net/?**pp=10808**

- Non appena il cliente avrà effettuato l'ordine di un prodotto, sul tuo pannello troverai immediatamente la tua commissione!
- L'iscrizione a questo programma di affiliazione è assolutamente gratuita.

Oltre all'altissima percentuale sulle provvigioni ed alla lunga durata del cliente che porti sul sito, il programma di affiliazione di *Bruno Editore è molto più avanzato degli altri.*

Innanzitutto, ogni prodotto in vendita possiede un suo minisito, studiatissimo per motivare il cliente all'acquisto, illustrandone i benefici ed i dettagli ed infine rassicura il cliente con testimonianze di persone che lo hanno già provato e garanzie di sostituzione per qualsiasi motivo.

Queste cose garantiscono un'alta percentuale di vendita da parte dei visitatori, rispetto agli altri siti di e-commerce. Inoltre, la maggior parte dei programmi di affiliazione, anche quelli più famosi, sfruttano il metodo "all'Americana" in cui semplicemente l'affiliato pubblicizza il prodotto e spera che il cliente compri:

Metodo "all'Americana"

Solo 1 cliente su 100 compra..
E gli altri 99???

LI HAI PERSI!

Fai Pubblicità su Adwords — Mandi Visite sul Minisito

Invece, diventando affiliato della Bruno Editore guadagnerai denaro anche sugli altri 99 clienti. Infatti, nei mini siti di vendita, prima del prodotto, vengono offerti degli ebook in omaggio a chi si iscrive nella **newsletter** fornendo la propria email e l'utente che visita il sito Bruno Editore, oltre che a comprare subito, effettuerà sicuramente ulteriori acquisti in futuro, grazie alle pubblicità delle stesse email.

Metodo "Affiliazione Autostima.net"

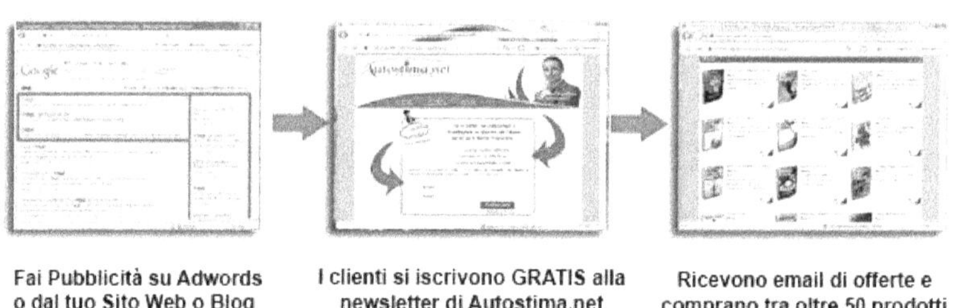

TU guadagni il 30% su TUTTI i clienti su TUTTI i prodotti per SEMPRE!

Così 1 compra subito, gli altri si iscrivono in newsletter e comprano domani, tra 1 settimana, tra 1 mese, tra 1 anno o tra 10 anni. E TU guadagni SEMPRE!

Ti garantisco che con un catalogo di oltre 50 prodotti di crescita personale, professionale e finanziaria, chiunque ne trova almeno uno di suo interesse! Oggi, domani o tra 10 anni! E visto che si tratta di prodotti di alta qualità, le persone comprano almeno altri 2 o 3 prodotti, senza contare quei super affezionati che comprano tutti quelli lanciati sul mercato dalla Bruno Editore, perché sanno come lavorano!

SEGRETO n. 36: Il programma di affiliazione della Bruno Editore è il più avanzato di tutti.

Quando mi iscrissi la prima volta al programma di affiliazione di ella Bruno Editore e cominciai a vendere i loro prodotti con una campagna pubblicitaria basata su AdWords Google con ottimi risultati, per un periodo fui costretto ad interromperla, perché cambiai istituto bancario ed attesi un po' di tempo per riavere la carta di credito. Per non perdere la comodità di questo strumento di pagamento e per evitare di avere fastidi ad effettuare bonifici bancari, sospesi la campagna pubblicitaria su Google. In quel periodo di sospensione, notai "misteriosamente" sul pannello di controllo della Bruno Editore che alcuni utenti avevano acquistato prodotti che non avevo mai pubblicizzato, perché prima non esistevano ancora.

Questo perché? Quando la Bruno Editore lancia un nuovo prodotto, invia una email ai tutti i loro iscritti alla newsletter, che vanta **oltre 200.000 utenti** e tra questi c'erano i clienti che avevo portato io sul sito e di conseguenza ho guadagnato una provvigione senza spendere un soldo di pubblicità e senza fare niente! E la cosa bella è che saranno ancora miei clienti per ben 10 anni!

Inoltre, la Bruno Editore propone nelle newsletter non solo i nuovi prodotti, ma ripropone anche tutti gli altri 50 già esistenti di vario argomento ed ogni cliente ne trova sempre almeno uno o più di suo interesse. In pratica, il guadagno è certo.

Ora che hai le guide da condividere ed i prodotti da pubblicizzare, non devi fare altro che "unire" queste due cose, cioè allegare la pubblicità nei file.

Come già accennato in precedenza, non devi riempire la guida di link pubblicitari. Per quanto riguarda gli ebook, al termine degli stessi, inserisci uno o due link pubblicitari, al massimo tre, che consigliano guide complete per approfondire l'argomento, magari allegando le foto dei prodotti.

SEGRETO n. 37: In fondo agli ebook allega massimo tre collegamenti ipertestuali, che pubblicizzano la corrispondente guida completa ed approfondita.

Nel caso della raccolta di testi e spartiti di Vasco Rossi del mio amico, che ti ho illustrato in precedenza, al termine del documento gli ho consigliato di allegare un link di questo tipo:

Vai su Ebay ed acquista cd originali a partire da 1 centesimo

Noterai che nel link precedente non appare il nome del sito, completo di codice di affiliazione, questo per ragioni di estetica, ma in realtà, se clicchi sopra, ti porta su Ebay nella pagina dei prodotti sponsorizzati, col codice di affiliazione.

Se stai usando il Word, puoi fare questa variazione cliccando col tasto destro del mouse sul link evidenziato e scegliendo l'opzione del menù rapido "Modifica collegamento ipertestuale". Si aprirà una finestra, in cui sarà presente il campo "Indirizzo" dove indicherai il sito con il tuo codice di affiliazione ed il campo "Testo da visualizzare" dove indicherai il link senza codice di affiliazione oppure un annuncio.

SEGRETO n. 38: I link pubblicitari non devono mostrare il codice Html.

Ad esempio, se hai creato una guida che illustra le tecniche per vincere in borsa, puoi pubblicizzare due ebook della Bruno Editore: "Investire in Borsa" e "Trading Online & Opzioni".

PER APPROFONDIRE

Ebook Investire in Borsa

http://www.Corso-Ricchezza.net

Ebook Trading Online & Opzioni

http://www.VincereInBorsa.net

Anche nel caso precedente, noterai che il collegamento ipertestuale non mostra il codice di affiliazione, ma cliccando sopra trasmette anche quello.

Vediamo un altro esempio, nel caso in cui tu abbia creato una guida per migliorare il posizionamento sui motori di ricerca, puoi pubblicizzare il sistema "Free Per Click" e l'ebook "Fare Soldi Online Con Google".

http://www.FreePerClick.net

http://www.FareSoldiOnlineConGoogle.net

Puoi avere l'elenco completo di tutti i link di ogni prodotto, con il tuo codice di affiliazione, entrando con la tua login sul sito della Bruno Editore e cliccando la parte "Non possiedi un sito".

La stessa cosa vale per Ebay. Entrando con il tuo account di affiliato ed andando nella pagina del programma di affiliazione, troverai una serie di strumenti, tra cui quelli relativi ai link. In questa pagina, puoi indicare la parola chiave del prodotto che intendi pubblicizzare, per esempio i "cd musicali", ed il sistema ti invierà una email col codice Html relativo al link del prodotto scelto, col tuo codice di affiliazione.

Per quanto riguarda la pubblicità nei videocorsi, il discorso è diverso. Il link da pubblicizzare lo puoi aggiungere alla fine del video, inserendo del testo nel filmato (operazione già illustrata con Windows Movie Maker). Il problema è che i video non hanno la possibilità, come i documenti e le pagine web, di inserire collegamenti ipertestuali che cliccati ti portano direttamente alla pagina del sito. E non puoi neanche indicare un link col tuo codice di affiliazione:

http://www.faresoldionlineconebay.net/?pp=10808

L'utente farebbe fatica a ricordare il codice, potrebbe sbagliarlo oppure ometterlo ed in entrambi i casi perderesti la provvigione.

Per risolvere questo inconveniente, ti consiglio di acquistare un sito web o meglio un dominio con Redirect. Sul sito di Aruba costano pochissimo, circa 15€ all'anno e ti offrono la gestione del Redirect, cioè non compri lo spazio web, ma solo un servizio che nel momento in cui digiti il dominio che hai acquistato, ti porta ad un sito da te indicato.

Ad esempio, potresti acquistare (se è disponibile) il dominio http://www.guadagna-con-ebay.it ed impostare il redirect su www.faresoldionlineconebay.net/?pp=10808. Per l'utente sarà sicuramente molto più semplice ricordare il primo sito che il secondo, composto da sigle e codici.

SEGRETO n. 39: Al termine dei videocorsi, pubblicizza un tuo sito web, che abbia un redirect verso il link di un prodotto a cui sei affiliato.

Un ultimo consiglio che ti do è quello di non fare mai un redirect verso il catalogo intero di tutti i prodotti, rischieresti che l'utente si perda, meglio indirizzarlo direttamente alla pagina del prodotto specifico. Questa regola vale pure per gli ebook, pubblicizza il link inerente all'argomento che tu hai trattato ed indirizzalo direttamente alla pagina del prodotto e non al catalogo intero.

SEGRETO n. 40: Pubblicizza sempre il link che porti al prodotto interessato specifico e non all'intero catalogo.

Ritornando al caso del mio amico appassionato di musica, grazie a questo "trucco", abbiamo riscontrato un forte aumento di iscritti su Ebay, sostituendo semplicemente la parola chiave "cd musicali" con "cd Vasco Rossi".

Inoltre, risultati analoghi li ho avuti quando mi sono occupato di pubblicizzare prodotti con Google AdWords. Le vendite erano maggiori quando il cliente andava nella pagina del prodotto specifico, anziché su quella dell'intero catalogo.

RIEPILOGO DEL GIORNO 4:

- SEGRETO n. 27: Per guadagnare su internet devi pubblicizzare un tuo prodotto che vendi o quelli degli altri.
- SEGRETO n. 28: Con i programmi di affiliazione guadagni velocemente e non hai incarichi commerciali.
- SEGRETO n. 29: Un buon programma di affiliazione deve soddisfare i seguenti requisiti; qualità, professionalità, statistiche aggiornate, durata cliente, provvigioni alte, ampio catalogo e gratuità.
- SEGRETO n. 30: Il programma di affiliazione di Ebay è gratis, completo ed affidabile.
- SEGRETO n. 31: TradeDoubler raccoglie i programmi di affiliazione dei più noti prodotti di marche.
- SEGRETO n. 32: ClickBank raccoglie i programmi di affiliazione di marche meno note ma di tutto il mondo.
- SEGRETO n. 33: Converti il tuo ebook ed il tuo videocorso in lingua Inglese, per diffonderlo in tutto il mondo, utilizzando Strumenti per la lingua di Google.
- SEGRETO n. 34: Il programma di affiliazione di Paypal consente elevati guadagni per ogni nuovo commerciante che porti sul sito.

- SEGRETO n. 35: Macrolibrarsi è un programma di affiliazione di librerie online, gratis e completo.
- SEGRETO n. 36: Il programma di affiliazione della Bruno Editore è il più avanzato di tutti.
- SEGRETO n. 37: In fondo agli ebook allega massimo tre collegamenti ipertestuali, che pubblicizzano la corrispondente guida completa ed approfondita.
- SEGRETO n. 38: I link pubblicitari non devono mostrare il codice Html.
- SEGRETO n. 39: Al termine dei videocorsi, pubblicizza un tuo sito web, che abbia un redirect verso il link di un prodotto a cui sei affiliato.
- SEGRETO n. 40: Pubblicizza sempre il link che porti al prodotto interessato specifico e non all'intero catalogo.

Giorno 5: Tecniche Segrete di Diffusione

La diffusione dei file nei software di condivisione è un processo automatico, ma deve essere "avviato" con le dovute tecniche, altrimenti è molto probabile che non riuscirai ad diffondere un ebook neanche se un tuo amico lo cercasse.

Le tecniche segrete riportate in questo capitolo sono straordinarie, dopo lunghi studi mi hanno portato a dei risultati entusiasmanti. Pensa che in una sola settimana sono stati diffusi i miei ebook ad oltre 10.000 persone contenenti numerosissimi link di affiliato, senza che io abbia speso un soldo in pubblicità e la cosa bella è che altri utenti lo diffonderanno automaticamente ad altri ancora, facendo crescere il loro numero in maniera esponenziale.

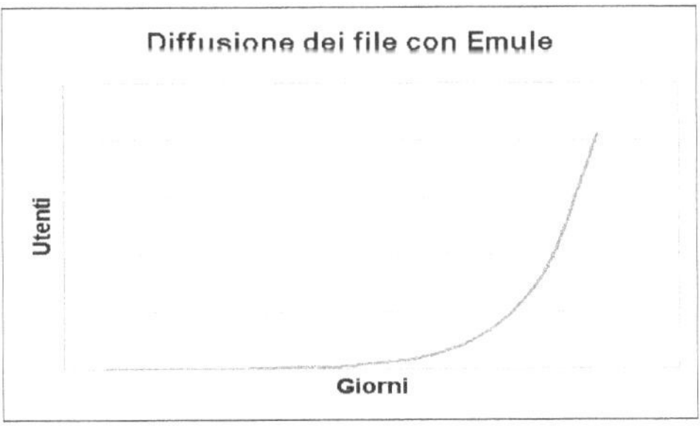

Partiamo dalla base, cioè come **nominare** i file da diffondere in rete. Il nome da attribuire ai tuoi file da condividere riveste un ruolo fondamentale. Quando un utente effettua una ricerca su Emule digita una o più parole chiave. I server di Emule, che indicizzano i file di tutti gli utenti connessi, cercano queste parole nei nomi. Pertanto il tuo file, dovrà essere pieno di parole chiave ricercatissime, per far si che appaia in tante ricerche.

In Emule ho visto "circolare" file di 150 caratteri di lunghezza e personalmente ho testato che non ci sono problemi fino a 199. Sono tanti, rispetto ad altri sistemi, tipo Google Adwords che ne consente complessivamente 95 (escluso il link) oppure quei miseri 55 di Ebay. Questi caratteri non sono mai troppi, bisogna sfruttarli al massimo e riempirli di parole chiave "calde": ebook – gratis - trucchi – segreti e tante altre.

SEGRETO n. 41: Riempi il nome del file da condividere, con parole chiave ricercatissime.

Per trovarne tante, ti consiglio di servirti dell'ausilio dei selettori di parole chiave, cioè dei siti in cui indichi una parola e te ne trovano tante altre corrispondenti. Ecco i migliori selettori di parole chiave presenti in rete:

Miva

https://account.it.miva.com/advertiser/Account/Popups/KeywordGenBox.asp

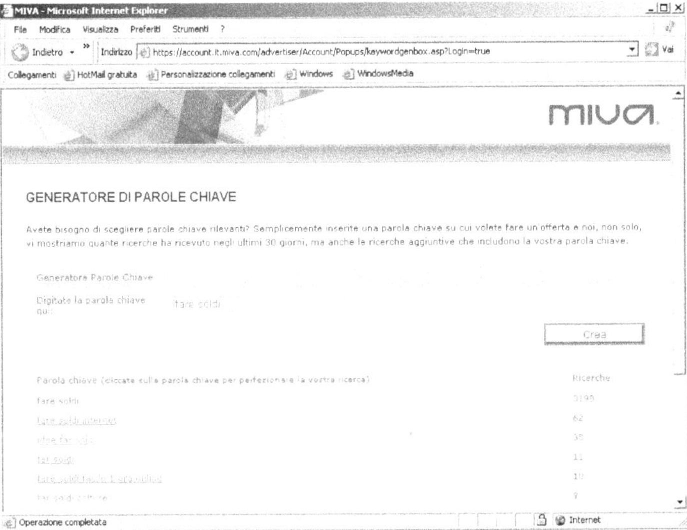

Overture

http://inventory.it.overture.com/d/searchinventory/suggestion/

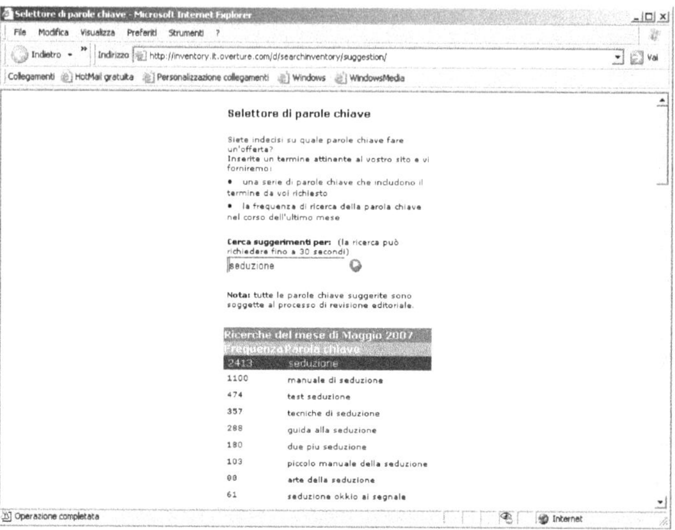

Quando si fanno ricerche su internet, capita spesso di digitare una parola chiave in modo errato. Ebbene, devi sfruttare questi "errori" per ricavare altre parole chiave. Su internet esiste un sito web in cui indichi una parola e ti fornisce tutte i possibili termini digitabili in modo errato:

http://www.misspellsearch.com/

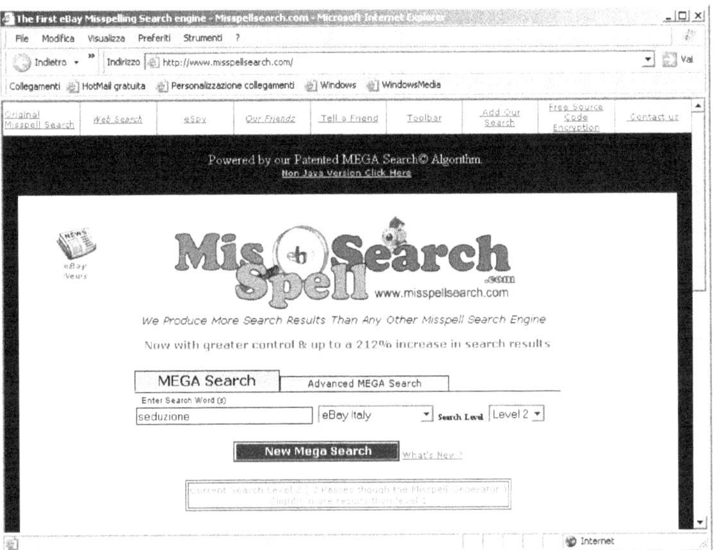

Ad esempio se digiti la parola “seduzione” avrai come risultato: *eduzione,sduzione,seuzione,sedzione,seduione,seduzone,seduzine, seduzioe,seduzion,esduzione,sdeuzione,seudzione,sedzuione,sedui zone,seduzoine,seduzinoe,seduzioen*

Questo trucco è fondamentale, dedicaci un po’ di lavoro in più, perché grazie a questo sistema, riuscirai ad apparire in molte ricerche ai primi posti, dove gli altri concorrenti non possono.

SEGRETO n. 42: Ricava altre parole chiave con i selettori Miva e Overture e con misspellsearch.

Spesso su Emule capita di cercare una cosa e come risultato ne ottieni un'altra. Questo accade perché molte persone condividono file strapieni di parole chiave molto ricercate ma non attinenti all'argomento in questione.

Nome File

[ITA]TRUCCHI PER PIU DI 1000 GIOCHI PER PC E PS2(pc ps2 psx xbox ita eng fra spa jap mp3 e book game film divx avi mpg xvid porn xxx NFSU).wmv

Ad esempio il file illustrato in figura, tratta una raccolta di trucchi per giochi, ma nel nome vengono inserite parole chiave non attinenti: mp3, film. Ti consiglio vivamente di non farlo, primo perché è poco professionale e secondo perché anche se appari nelle ricerche ma l'utente non è interessato, non perderà tempo a scaricare qualcosa che non gli serve.

SEGRETO n. 43: Non inserire parole chiave non attinenti al contenuto del file da condividere.

Ritornando al nome del file, ti consiglio di dividerlo in due parti: una parte con un breve annuncio ed un'altra con una serie di parole chiave.

L'annuncio è fondamentale, deve attirare molto, deve mostrare i vantaggi che offre il tuo prodotto e poi deve essere seguito da una serie di parole chiave attinenti, necessarie per farlo apparire in molte ricerche, ad esempio:
DIVENTA RICCO – METODO VELOCE PER FARE SOLDI (soldi, guadagnare, rendita, rendite, denaro, ebook, trucchi, segreti ricchezza).pdf

GUADAGNA ENTRO 60 MINUTI DA ORA (web marketing pubblicità posizionamento SEO motori ricerca).pdf

GUADAGNA SE LE AZIONI SALGONO O SCENDONO - GUIDA FARE SOLDI COL TRADING ONLINE (vincere borsa guadagnare trucchi segreti rendita rendite ebook).pdf

CONQUISTA LA DONNA DELLA TUA VITA – GUIDA SEGRETI DELLA SEDUZIONE (trucchi segreti conquistare rimorchiare abbordare ebook).pdf

Naturalmente, se una parola chiave è già presente nell'annuncio non hai bisogno di reinserirla nella seconda parte.

SEGRETO n. 44: Dividi il nome del file in due parti; un annuncio attraente e semplici parole chiave.

Un grandissimo successo sia in termini di diffusione sia in ritorno economico, l'ho avuto creando un unico file compresso, contenente una vasta raccolta di guide. Indicando un nome ricco di parole chiave ricercatissime, come quello in seguito:

10 Ebook (autostima, fare soldi, guadagnare, borsa, trading online, seduzione, lettura veloce, pnl, vendita, ricchezza, adwords).zip

SEGRETO n. 45: Condividi in rete file compressi contenenti raccolte di ebook.

Ricorda che in generale, non è possibile nominare i file utilizzando i seguenti caratteri speciali \ / : * ? < > |

Se non sei bravo a creare annunci originali ed attiranti, ti spiego un trucco, simile a quello utilizzato in precedenza per scoprire gli argomenti di successo su cui creare l'ebook.

Attraverso Google, effettua una ricerca indicando la parola chiave relativa all'argomento del tuo ebook in questione. La ricerca ti restituirà come risultati sicuramente anche degli annunci sponsorizzati, presenti nella colonna a destra e potrai ispirarti ad uno di essi. I primi che appariranno saranno sicuramente annunci vincenti, poiché Google non favorisce solo il costo della pubblicità, ma anche il numero di click che essi ricevono.

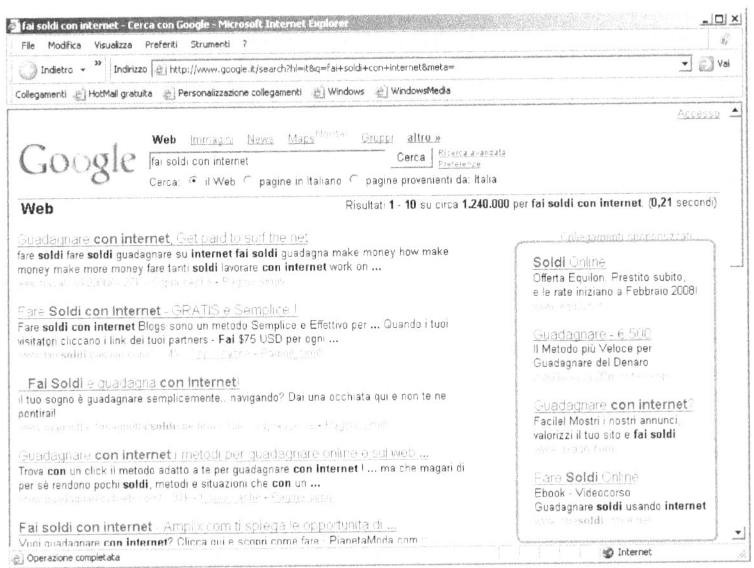

Un altro trucco per scoprire nomi di file vincenti, consiste nel ricercare stesso su Emule l'argomento del tuo ebook (seduzione, fare soldi, vincere in borsa) ed ispirarsi ai nomi dei file che presentano più fonti disponibili. Sicuramente se un file è tanto condiviso è per via del contenuto di ottima qualità, ma come accennato in precedenza, il titolo riveste un ruolo fondamentale, perché quando un utente effettua una ricerca è la prima cosa che gli appare.

SEGRETO n. 46: Nomina i file da condividere, ispirandoti agli annunci sponsorizzati di Google ed alle ricerche su Emule.

Noterai che gli esempi dei nomi dei file indicati in precedenza non superano i 199 caratteri, ma visto che possono essere aggiunte tante altre parole chiave attinenti, ti spiego un trucco, che consiste nel condividere più file, dello stesso contenuto, ma con nomi diversi, contenenti altre parole chiave:
1° file: VASCO ROSSI (testi discografia spartiti album accordi mp3).pdf
2° file: VASCO ROSSI (alba chiara – io no – vita spericolata – generale).pdf

Un altro trucco per diffondere a più utenti le tue guide, consiste nel condividere stessi file e stessi nomi, però compressi nel formato WinZip e WinRAR. Questo perché capita spesso che gli utenti effettuano ricerche mirate, cioè non selezionano tipo di file qualsiasi, ma impostano la ricerca su documenti oppure archivi.

SEGRETO n. 47: Condividi in rete più file con stesso contenuto ma con nomi ed estensioni diverse.

Ti consiglio di crearne tanti di file dello stesso contenuto ma con nomi diversi, per due ragioni: la prima perché non spendi nulla, sia che tu condivida un solo file, sia che ne condivida cento ed hai il vantaggio di apparire in tante ricerche; la seconda è che ogni utente ha il suo modo di notare i file. Magari alcuni utenti tendono a scaricare file con nomi semplici, tipo "Ebook Seduzione" oppure altri vengono attratti dall'altro genere, cioè annunci + parole chiave, che secondo i miei studi sono quelli più scaricati.

Ce ne sono addirittura altri che si "spaventano" a vedere nomi di file molto lunghi, per via della lunghezza dell'annuncio e delle tantissime parole chiave che lo compongono. Quindi condividere più file di uguale contenuto, ma con nomi diversi, presenta solo vantaggi.

Per quanto riguarda la diffusione degli ebook in lingua straniera, valgono le stesse tecniche di condivisione indicate. Anche per trovare annunci in Inglese, puoi usare le stesse tecniche di ricerca, ma questa volta utilizzando termini stranieri: earn (guadagnare), make money (fare soldi), seduction (seduzione). Se non sei tanto bravo in Inglese puoi sfruttare questo breve dizionario con la traduzione delle principali parole chiave dei più diffusi argomenti trattati:

Fare Soldi	Make Money
Guadagnare	Earn
Rendita	Income
Rendite	Incomes
Denaro	Money
Ricchezza	Wealth
Pubblicità	Advertising
Vendere	Sell
Seduzione	Seduction
Segreti	Secret
PNL	NLP
Linguaggio del Corpo	Body Language
Parlare in Pubblico	Public Speaking

Ti allego inoltre una serie di esempi di nomi da assegnare agli ebook in lingua Inglese:
HOW TO MAKE MONEY ON EBAY (sell earn huge income ebay secrets revealed online auctions bid bids collectibles).pdf

MASTERING THE ART OF PERSUASION, INFLUENCE AND SEDUCTION (ebook psychology NLP Neuro-linguistic programming).pdf

HOW TO MAKE MONEY ONLINE - EARN AT HOME - START YOUR BUSINESS (income incomes webmarketing wealth advertising).pdf

SPEED SEDUCTION DATING NLP HYPNOSIS ART MEET WOMEN SEX (psychology NLP Neuro-linguistic programming).pdf

BODY LANGUAGE DICTIONARY: NLP METHOD MYSTERY HYPNOSIS (psychology NLP Neuro-linguistic programming).pdf

Naturalmente anche la proposta di vendita all'interno degli ebook, deve essere fatta in Inglese. Naturalmente, non puoi indicare link di affiliato verso prodotti Italiani, però potresti pubblicizzare i migliaia di prodotti di tutto il mondo venduti su Ebay o su ClickBank. Ecco qualche esempio:

Buy "Manual of Seduction" on Ebay. Only 0,01$

Make Money Guide - Only 1 Cent

Parecchie persone pensano che i software di file sharing condividano in rete tutto il contenuto del PC. Questo è sbagliato, infatti, questi programmi diffondono in rete solo quello che è presente nelle corrispondenti cartelle di download (dove vanno i file completi) e quello presente in quelle temporanee (dove vanno i file parzialmente scaricati).

Pertanto, per far condividere i tuoi file, devi porli nelle cartelle di download. In seguito verranno indicati, per ogni software di file sharing, le corrispondenti cartelle di download:

- Emule

C:\Programmi\eMule\Incoming

- Bearshare

C:\My Downloads

- BitTorrent e µTorrent

Viene scelta dall'utente. Vai nel menù Options -> Preferences -> Downloads ed indica il percorso in "Move completed download to".

SEGRETO n. 48: Poni i file da condividere nelle cartelle di download dei software di file sharing.

Con Emule è possibile impostare una priorità ai File Condivisi: release, alta, normale, bassa, molto bassa, auto. Normalmente le priorità vengono impostate in "auto", ma per accelerare il processo di upload dei tuoi file devi impostarli in "release".

Per settare questo livello di priorità devi andare nella finestra "File Condivisi", cliccare con il tasto destro del mouse i tuoi file e scegliere la priorità "release".

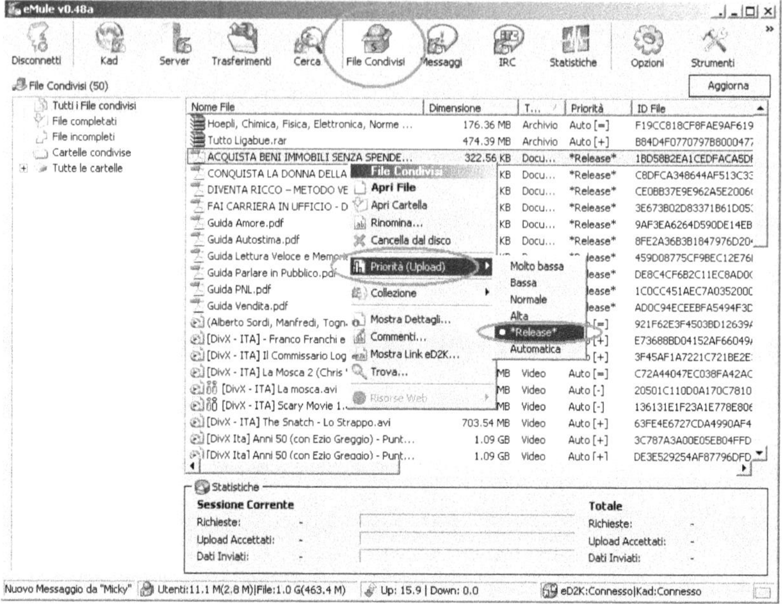

SEGRETO n. 49: Imposta la priorità "release" ai file da condividere.

Un altro sistema, per accelerare l'upload e la diffusione dei tuoi file agli altri utenti, consiste nel limitare nelle cartelle di download la sola presenza delle guide che intendi diffondere.

Infatti, Emule, come gli altri file sharing, diffondono solo una parte dei file in rete presenti nel PC, quindi se nella cartella di condivisione hai guide e film, tra quelli diffusi, metà saranno guide ed un'altra metà saranno film, anzi verranno diffusi in percentuale più alta i film e le canzoni, perché sono molto più ricercati rispetto agli ebook. Invece se nella cartella di condivisione, metterai solo le guide, il 100% dei file diffusi saranno solo ebook.

SEGRETO n. 50: Lascia nelle cartelle di condivisione solo i file che intendi diffondere.

Per fare ciò, devi spostare dalla cartella dei download (C:\Programmi\eMule\Incoming) tutti i file che hai scaricato che non sono le tue guide (tipo i film e le canzoni) e non solo, devi anche spostare quelli parzialmente scaricati che vengono ugualmente condivisi e che si trovano nella cartella dei file temporanei che in genere è C:\Programmi\eMule\Temp. In questa cartella, per ogni file in download ne troverai altri tre denominati con numeri progressivi:

001	001.part	001.part.met
002	002.part	002.part.met

...

Il mio consiglio è quello di spostarli temporaneamente da quella cartella ad un'altra.

Se vuoi impegnarti seriamente in questo business, devi lasciar perdere l'utilizzo di Emule per scaricare i film ed utilizzarlo invece per diffondere i tuoi ebook.

Non voglio fare il moralista, ma voglio semplicemente farti ragionare: nelle videoteche, l'affitto di un DVD ti costa in media 1,50€, probabilmente è pari al costo della corrente che consumi tenendo il PC acceso per due giorni di seguito (tempo minimo necessario per scaricare un film) e soprattutto un film in noleggio è di ottima qualità, non presenta disturbi, contiene gli extra e soprattutto lasci una totale diffusione alle tue guide che ti permetteranno di guadagnare fino a migliaia di euro al mese con le provvigioni.

Purtroppo, parecchi utenti, quando hanno scaricato un file, lo spostano dalla cartella di download in un'altra personale (ad esempio "guide" oppure "videocorsi"). Facendo così, gli utenti, impediscono quel meccanismo di condivisione automatica e la diffusione delle tue guide sarà minima. Per "attenuare" questo processo, devi in qualche modo incitare l'utente a lasciare il file nella cartella di download, indicandogli i benefici che può ottenere. Ad esempio, potresti aggiungere, al termine del ebook, questo messaggio:

"Non spostare questo file dalla cartella di download di Emule, aumenterà la tua velocità di download, perché è una guida molto ricercata e la prima regola di Emule è: più offri in rete e più scarichi velocemente. Grazie"

Oppure, potresti scrivere:
"Ti è piaciuta questa guida? Mandala ai tuoi amici e diffondila tranquillamente su internet, senza però modificarne il contenuto. Inseriscila inoltre nel tuo sito web o nel tuo blog, otterrai un aumento del numero di visitatori."

SEGRETO n. 51: Incita gli utenti a lasciare i file nelle cartelle di condivisione, con messaggi che ne indicano il beneficio.

Un altro punto fondamentale riguarda i giorni e gli orari ideali per connettersi ad Emule, Bearshare e BitTorrent e far condividere i tuoi file. Il caso ideale sarebbe quello di lasciar acceso il tuo PC 24 ore su 24 e 7 giorni su 7. Naturalmente, non posso chiederti questo, anche se posso assicurarti che la maggior parte delle persone lo fanno!

Forse non c'è neanche bisogno. Infatti, le persone che lasciano il PC acceso giorno e notte, lo fanno per far scaricare i film che impiegano molto tempo, ma certamente non effettuano ricerche alle 4 del mattino!

Proprio come avviene su Ebay, che le persone effettuano acquisti in determinati giorni ed orari, anche su Emule, ci sono determinati periodi in gli utenti effettuano ricerche. Posso dirti che entrambi i periodi coincidono, perché avvengono in momenti in cui la gente non è a lavoro e si dedica al tempo libero. Le fasce migliori, consigliate nel Ebook Fare Soldi Online con EBAY sono quelle dei festivi, tipo la domenica tra le 16 e le 22 ed il mercoledì tra le 18 e le 22.

SEGRETO n. 52: Connettiti ai software di file sharing negli orari e nei giorni in cui si effettuano più ricerche.

Inoltre, potresti chiedere a qualche amico che utilizza frequentemente Emule, di lasciare nella cartella di download i tuoi file, tanto non gli costa niente, anzi puoi spiegargli che in questo modo ottiene un incremento della velocità di download. Facendo così, riesci a coprire più giorni e più fasce orarie ed inoltre, l'indicatore "fonti disponibili" si incrementerà e come spiegato in precedenza, esso è fondamentale, perché viene impostato di default come ordine di visualizzazione dei file.

SEGRETO n. 53: Chiedi a qualche amico che utilizza Emule, di lasciare nella sua cartella di download le tue guide.

Se sei fortunato come me, che conosco due amici che lasciano il PC acceso 24 ore su 24, otterrai risultati davvero straordinari, perché equivale ad avere due server sempre in funzione!

Emule possiede una funzione molto utile che consiste nel lasciare un commento ed una **valutazione** ai file presenti nella sua rete.

Grazie a questa funzione, puoi informare gli altri utenti della qualità del file che intendono scaricare, in modo da non fargli perdere tempo per il download di un programma grandissimo che magari contiene solo spazzatura. La cosa interessante è che oltre a valutare i file degli altri utenti, puoi tu stesso assegnare una valutazione alle tue guide in condivisione. Naturalmente, all'insegna della professionalità, devi essere giusto.

Se crei una guida, non è assolutamente giusto che gli assegni un'ottima valutazione solo per farla diffondere rapidamente, al massimo potresti chiedere a qualcun altro di farlo, sempre che abbia un giudizio imparziale. Invece, se stai diffondendo il lavoro fatto da altre persone, come ad esempio un ebook acquistato su Ebay con diritto di rivendita, in questo caso mi sembra giusto che tu possa assegnargli un commento, rimanendo sempre imparziale, altrimenti dimentica questa funzione.

Ad esempio, i primi lavori che ho diffuso in rete sono stati quelli della Bruno Editore. Ad essere sincero ho impostato il massimo della valutazione, cioè ottimo. Non pensare che l'abbia fatto per assicurare una maggiore diffusione e per guadagnarci di più, personalmente ritengo che il mio giudizio è stato più che giusto. Ho conosciuto il sito diella Bruno Editore qualche anno fa grazie alle guide gratuite che esso offre e se oggi riesco ad avere una cospicua rendita fissa e proprio perché ho iniziato con quelle guide. Perciò ritengo che il giudizio ottimo sia persino poco.

Per assegnare un commento ad una guida che stai condividendo, devi andare nella pagina "File Condivisi" di Emule. Come hai già visto in precedenza, troverai l'elenco dei file che metti a disposizione in rete. Ai file che intendi assegnare un commento devi andare sopra, cliccare il tasto destro del mouse e scegliere l'opzione "commenti". A questo punto si aprirà una finestra dove potrai scrivere un commento (massimo 50 caratteri) ed assegnare una valutazione, scegliendo tra: non votato, non valido, mediocre, sufficiente, buono e ottimo.

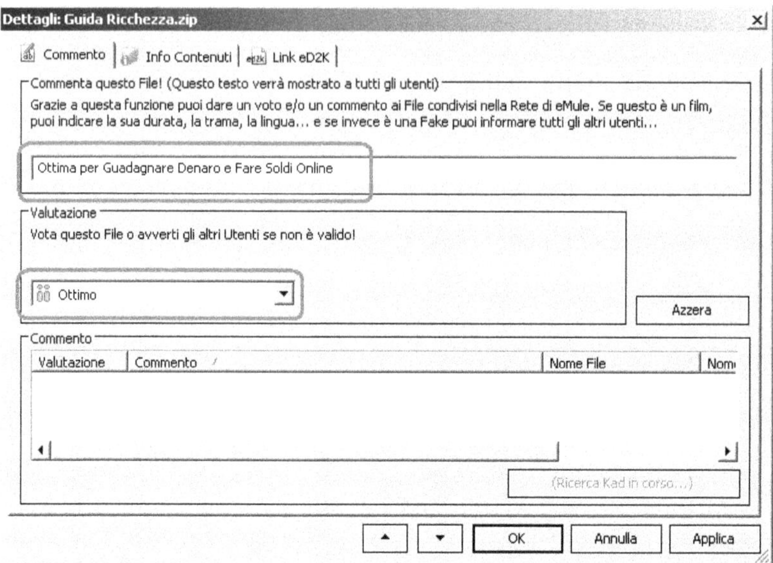

Se la guida che condividi in rete, merita il massimo del giudizio, assegnando come valutazione un "ottimo", in fase di ricerca, il file apparirà col simbolo che ne esalterà la visibilità ed accrescerà la diffusione.

SEGRETO n. 54: Assegna un commento alle guide in condivisione su Emule, per aumentarne la visibilità nelle ricerche.

A questo punto ti chiederai: come faccio a sapere se i miei file vengono condivisi? La risposta è molto semplice. Avere un **feedback** è fondamentale, perché serve a farti capire come migliorare il tuo lavoro.

Il primo metodo che ti suggerisco per avere un feedback rapido ed immediato, consiste nell'aprire la finestra "File Condivisi" di Emule. In questa finestra apparirà l'elenco dei file che metti a disposizione in rete ed alcuni parametri fondamentali: richieste e richieste accettate. Il primo parametro esprime il numero degli utenti che intendono scaricare il tuo file, mentre il secondo indica il numero degli utenti a cui è stato accettato il download.

Per ciascuno di questi campi e per ciascun file vengono indicati due cifre: quella a sinistra indica il numero di richieste dall'apertura corrente di Emule, quella a destra, compresa tra le parentesi tonde, indica il numero di richiesta totali.

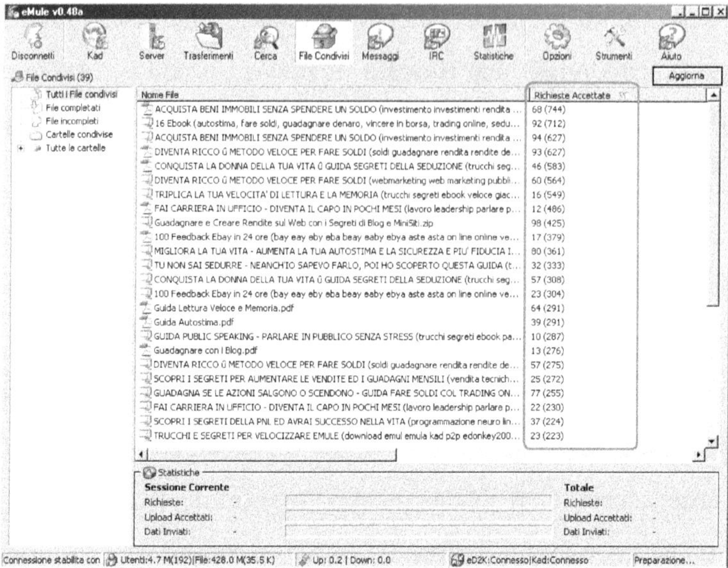

SEGRETO n. 55: Accedi alla pagina "File Condivisi" di Emule per avere un feedback immediato.

Grazie a questi dati puoi avere una visione immediata della qualità del tuo lavoro, ma non precisa. Infatti, queste cifre saranno sicuramente inferiori al numero di utenti a cui è stato diffuso il file, poiché è molto probabile che da una stessa persona che ha scaricato la tua guida, un'altra effettuerà il download.

Per sapere con maggiore precisione la quantità dei tuoi file presenti in rete, ti consiglio di aspettare qualche giorno, dopo di che effettua una ricerca su Emule dello stesso nome di ciò che hai condiviso. Il parametro "fonti disponibili" ti dirà quante persone possiedono quel file e sarà proprio quello che ti indicherà la "qualità" del tuo lavoro. Ecco perché, come ti dicevo in precedenza, è importante condividere stessi file con nomi diversi; grazie ad essi riuscirai a capire se ci sono problemi con gli annunci o con i contenuti delle tue guide.

SEGRETO n. 56: Ricerca i tuoi stessi file e controlla le fonti disponibili, per avere un feedback più preciso del tuo lavoro.

Spesso capita che ricercando i miei file condivisi, ho riscontrato poche fonti disponibili, ma comunque le provvigioni erano discrete, questo perché parecchi utenti, quando scaricano i file, li spostano dalla cartella di download alle proprie cartelle personali.

Pertanto, il sistema che ti consente di "misurare" la qualità del tuo lavoro con una precisione estrema è sicuramente quello dei contatori di accesso del pannello di controllo dei tuoi programmi di affiliazione.

SEGRETO n. 57: Misura la qualità del tuo lavoro con i pannelli di controllo dei tuoi programmi di affiliazione.

Attraverso i principali parametri forniti da ogni buon programma di affiliazione (click ricevuti, ordini, commissioni, stato del pagamento), potrai avere una statistica dettagliata dell'andamento del tuo business.

RIEPILOGO DEL GIORNO 5:

- SEGRETO n. 41: Riempi il nome del file da condividere, con parole chiave ricercatissime.
- SEGRETO n. 42: Ricava altre parole chiave con i selettori Miva e Overture e con misspellsearch.
- SEGRETO n. 43: Non inserire parole chiave non attinenti al contenuto del file da condividere.
- SEGRETO n. 44: Dividi il nome del file in due parti; un annuncio attraente e parole chiave.
- SEGRETO n. 45: Condividi in rete file compressi contenenti raccolte di ebook.
- SEGRETO n. 46: Nomina i file da condividere, ispirandoti agli annunci sponsorizzati di Google ed alle ricerche su Emule.
- SEGRETO n. 47: Condividi in rete più file con stesso contenuto ma con nomi ed estensioni diverse.
- SEGRETO n. 48: Poni i file da condividere nelle cartelle di download dei software di file sharing.
- SEGRETO n. 49: Imposta la priorità "release" ai file da condividere.

- SEGRETO n. 50: Lascia nelle cartelle di condivisione solo i file che intendi diffondere.
- SEGRETO n. 51: Incita gli utenti a lasciare i file nelle cartelle di condivisione, con messaggi che ne indicano il beneficio.
- SEGRETO n. 52: Connettiti ai software di file sharing negli orari e nei giorni in cui si effettuano più ricerche.
- SEGRETO n. 53: Chiedi a qualche amico che utilizza Emule, di lasciare nella sua cartella di download le tue guide.
- SEGRETO n. 54: Assegna un commento alle guide in condivisione su Emule, per aumentarne la visibilità nelle ricerche.
- SEGRETO n. 55: Accedi alla pagina "File Condivisi" di Emule per avere un feedback immediato.
- SEGRETO n. 56: Ricerca i tuoi stessi file e controlla le fonti disponibili, per avere un feedback più preciso del tuo lavoro.
- SEGRETO n. 57: Misura la qualità del tuo lavoro con i pannelli di controllo dei tuoi programmi di affiliazione.

Giorno 6: Creare Rendite con i Video Sharing

Il Video Sharing, cioè la condivisione dei video attraverso la rete è un fenomeno che negli ultimi anni ha avuto una crescita straordinaria in Italia.

Stando ai dati della Nielsen NetRatings, la famosissima società che si occupa delle principali indagini sul mercato del web, in Italia, circa il 66% delle persone connesse alla rete, hanno navigato ed utilizzato almeno una volta delle applicazioni di video sharing.

Questo significa che la condivisione dei video è un'opportunità unica da prendere assolutamente al volo per pubblicare i tuoi videocorsi, che visti da migliaia di visitatori al giorno, incrementeranno notevolmente il numero di click ai link che pubblicizzerai all'interno dei filmati. Questo significa nuovi clienti, maggiori vendite ed **elevati guadagni** in termini di provvigioni.

SEGRETO n. 58: I siti di video sharing sono un'ottima risorsa web per fare pubblicità gratuita.

Cento milioni di video visualizzati al giorno e venti milioni di visitatori al mese, queste sono le cifre di YouTube il più grande sito web per la condivisione di video.

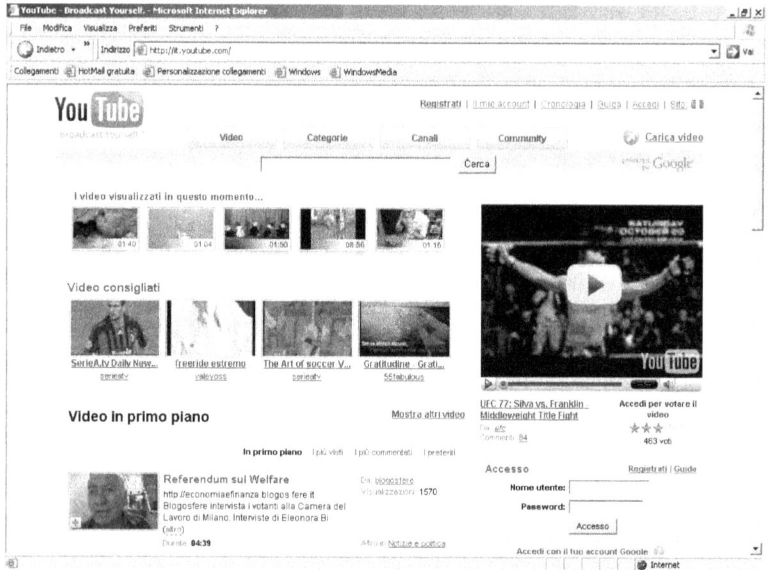

Creato nel febbraio del 2005 da tre dipendenti di Paypal, questo sito consente a tutto il mondo di condividere filmati, sfruttando la tecnologia Adobe Flash, per assicurare agli utenti la visione dei video, impedendone il download.

SEGRETO n. 59: YouTube è il più grande sito per la condivisione dei video.

I video trasmessi hanno una durata massima di 10 minuti, sono provvisti di codici HTML univoci, per l'incorporazione degli stessi su altri siti web e sono sottoposti ad un massiccio controllo contro la violazione dei diritti d'autore.

Gli YouTubers possono inviare i loro filmati nei formati più diffusi in rete, AVI, WMV, MOV e MPEG ed i migliori vengono premiati con particolari riconoscimenti: il più visto, il più commentato, il più votato del giorno, della settimana, del mese, di sempre. Ti lascio immaginare la pubblicità che otterresti se il tuo video avesse uno di questi riconoscimenti.

All'interno di YouTube, i video possono essere ricercati per categoria o per parole chiave, il risultato fornisce il titolo, la descrizione, la valutazione ed il link. Quindi ci saranno altri utenti che valuteranno il video e potranno lasciare pure un commento.

La prima fase dell'inserimento di un video in YouTube, prevede la registrazione sul sito http://it.youtube.com/signup. Dopo di che si va nell'area "Il mio account" http://it.youtube.com/my_account e da qui bisogna premere il pulsante "carica nuovo video".

SEGRETO n. 60: Registrati su YouTube e carica i tuoi videocorsi.

I principali dati che verranno richiesti sono:
- il titolo (massimo 60 caratteri)
- la descrizione
- i tag separati da spazi (costituiscono le parole chiave necessarie per la ricerca, massimo 120 caratteri)
- la categoria
- opzioni di diffusione
- opzioni di condivisione

Per il titolo e la descrizione, valgono le tecniche illustrate in precedenza, bisogna attirare il visitatore, quindi devi mostrare i vantaggi offerti dalla tua guida. Ad esempio, se stai pubblicizzando una guida sulla crescita finanziaria potresti impostare questo titolo "Guadagna Soldi Velocemente".

Per quanto riguarda la descrizione, ti consiglio di indicare innanzitutto il nome del tuo sito web in maiuscolo e poi descrivi il videocorso. Ad esempio:
WWW.ZEFIRANTE.IT - Il Metodo più Veloce per Guadagnare del Denaro!

Non è necessario riempire il titolo e la descrizione di parole chiave, poiché vi è una casella dedicata per questo, il tag. Nel campo "tag" hai a disposizione 120 caratteri per inserire le parole chiave per apparire nelle ricerche. Anche in questo caso devi sfruttare fino all'ultimo carattere per inserire parole chiave ricercatissime ed attinenti (ancora una volta ti servirai dei selettori di parole chiave e se ti rimane un po' di spazio, inserirai pure qualche parola che ti fornisce misspellsearch)

SEGRETO n. 61: Quando carichi i videocorsi, riempi i campi tag con parole chiave molto ricercate.

Per quanto riguarda la categoria, quella più adatta ai tuoi videocorsi è sicuramente "Come fare per…".

In "opzioni di diffusione" devi impostare "condividi il tuo video con il mondo" ed in opzioni di condivisione "sì, i siti esterni possono incorporare e riprodurre questo video"; queste impostazioni sono necessarie per far diffondere maggiormente i tuoi filmati.

Anche in questo caso, è importante l'orario di pubblicazione. Infatti, nella home page di YouTube appaiono spesso i video più recenti e quindi non avrebbe senso pubblicare il tuo video alle 4 del mattino! Ancora una volta, ti atterrai agli orari indicati in precedenza o meglio all'inizio di quelle fasce orarie:
- domenica a partire dalle 16
- mercoledì a partire dalle 18

SEGRETO n. 62: Carica i video negli orari e nei giorni in cui si effettuano più ricerche.

Anche per i videocorsi è importante avere qualche feedback, quindi potresti inviare il link del video a qualche tuo amico per avere una sua opinione. Ricorda che è assolutamente vietato fare SPAM, cioè inviare email a persone che non conosci.

SEGRETO n. 63: Invia i link dei tuoi video ai tuoi amici, per avere dei consigli.

Risulta chiaro che più alta sarà la posizione dei tuoi video e maggiori saranno le sue visualizzazioni e di conseguenza avrai più click sul tuo sito e più vendite.

Uno dei principali criteri di posizionamento dei video in YouTube è il **numero di visualizzazioni**. Quindi più sarà cliccato il tuo video e migliore sarà il suo posizionamento e di conseguenza sarà ancora più cliccato e ancora più in testa e così via. Inoltre, come già spiegato in precedenza, i video possono ricevere il titolo di "più visti" ed apparire nella home-page di

YouTube, ottenendo una pubblicità straordinaria. Naturalmente è molto difficile aspirare ad ottenere il titolo di video più visto in "assoluto" tra tutte le categorie, ma devi almeno cercare di raggiungere il traguardo di video più visto nel mese, in almeno una determinata categoria.

SEGRETO n. 64: L'incremento delle visualizzazioni del tuo video, comporta un miglioramento del suo posizionamento.

Il primo metodo che ti offro per aumentare il numero di click del tuo video, consiste nel sfruttare le tecniche di diffusione con i file sharing viste in precedenza. Potresti ad esempio creare una semplicissima pagina Html oppure un file formato pdf, in cui inserisci il link del tuo video fornito da YouTube per mostrare agli altri utenti il tuo filmato. Ecco un ottimo nome da assegnare ad un file contenete il tuo video:
VIDEOCORSO RICCHEZZA - GUADAGNA CON GOOGLE ENTRO 60 MINUTI DA ORA (soldi guadagnare rendita rendite denaro trucchi segreti).pdf

Da un mio studio è risultato che gli utenti non scaricano su Emule file di dimensioni eccessivamente ridotte, perché capiscono che contengono solo un link che spesso è pubblicitario e offre solo un prodotto a pagamento. Pertanto, per evitare che il tuo file non venga diffuso e scaricato, ti consiglio di arricchirlo, oltre che al link del tuo filmato, anche con la descrizione del videocorso e con alcuni screenshot per aumentarne la dimensione.

SEGRETO n. 65: Diffondi con i file sharing un documento pdf, contenente il link del tuo video, la descrizione ed alcuni screenshot.

Un altro modo per ottenere tantissimi click sul tuo video, utile anche per sponsorizzare un prodotto o un servizio su internet, è Google AdWords.

Questo servizio, offerto da Google, consente di sponsorizzare annunci a pagamento, che appaiono ogniqualvolta un utente ricerca sullo stesso sito, determinate parole chiave che tu hai scelto. Il servizio è a pagamento, ma non paghi la visualizzazione dell'annuncio, ma ogni click che esso riceve, il cui costo, sei tu a stabilirlo, insieme al budget giornaliero, cioè la spesa massima che vuoi investire in un giorno in pubblicità.

SEGRETO n. 66: Aumenta le visualizzazioni del tuo video con annunci pubblicitari AdWords Google.

Non starò a spiegarti i dettagli di questo sistema, perché registrandoti al programma di affiliazione gratuito di Bruno Editore, riceverai in regalo la guida completa di Google AdWords.

Un esempio di annuncio vincente che potresti pubblicare è il seguente:

Corsi Multimediali Gratis
Guadagna Entro 60 Minuti da Ora
Videocorso Ricchezza. 100% Gratis

Per spendere un costo per click basso e per apparire in testa agli annunci, ti consiglio di usare, come parole chiave, termini composti, ad esempio "guadagnare su internet". Inoltre da un recente articolo pubblicato sul sito ShinyStat, risulta che gli utenti indicano nei motori di ricerca, in maggior percentuale, termini composti da tre parole anziché due. Ecco un esempio di termini composti che potresti utilizzare come parole chiave:

come fare soldi
guadagnare con internet
come guadagnare soldi
fare soldi internet
per fare soldi
fare soldi facili
fare soldi online
fare tanti soldi
guadagnare col web

Mettiamo che imposti un costo per click pari a 5 centesimi, con 10€ il tuo video ottiene 200 visualizzazioni. Questo basso investimento, oltre a portarti un miglior posizionamento ed un conseguente aumento del numero di visualizzazioni, ti porterà a vendere mediamente anche due prodotti. Se ad esempio pubblicizzi un prodotto Bruno Editore, il cui costo è pari a 99€, vendendone due, con una provvigione sulla vendita del 30%, guadagni 59,40€, con soli 10€ di spese. Niente male vero?

Una volta raggiunto un buon posizionamento potresti anche interrompere la campagna pubblicitaria, ma quando comincerai a vedere i guadagni così elevati, sono sicuro che aumenterai il budget giornaliero di Google AdWords!

Se vuoi avere il massimo del successo con le campagne AdWords, ti consiglio di leggere l'ebook Fare Soldi Online con Google dove sono illustrate le principali tecniche, i trucchi e la formula segreta per apparire tra i primi posti nelle ricerche su Google, pagando il minimo di pubblicità.

Un altro criterio fondamentale che migliora il posizionamento dei video su YouTube, che sono in pochi a conoscerlo, è la quantità di siti esistenti con **link al filmato**. Questa tecnica è uno dei metodi più utilizzati, con estremo successo, dai principali motori di ricerca. Poiché si basa sulla logica che se tanti siti contengono un determinato link, significa che la corrispondente pagina web è di ottima qualità.

SEGRETO n. 67: Il posizionamento dei video su YouTube migliora con l'aumento del numero di siti che contengono il filmato.

Anche in questo caso ti offrirò alcune tecniche per incrementare questo importante parametro e far salire in testa il tuo video. La prima tecnica consiste nell'aggiungere un messaggio nella pagina web da diffondere su Emule (quella di cui ti ho parlato in precedenza) che inviti l'utente ad inserire il video nel proprio sito. Potresti ad esempio scrivere:
"Vuoi arricchire il tuo sito web o il tuo blog con questo video? Copia il seguente codice Html ed incollalo nella parte dove vuoi far apparire il filmato."

Per mostrare agli utenti, il codice html del tuo video, dovrai includerlo tra l'istruzione Html "textarea", nel seguente modo:

```
<textarea cols="60" rows="7" wrap="physical">
(codice html del tuo video)
</textarea>
```

Il risultato sarà il seguente:

Vuoi arricchire il tuo sito web o il tuo blog con questo video?
Copia il seguente codice Html ed incollalo nella parte dove vuoi far apparire il filmato.

```
<object width="425" height="355"><param name="movie"
value="http://www.youtube.com/v/Ifzr5yITomg&rel=1"></param><
param name="wmode" value="transparent"></param><embed
src="http://www.youtube.com/v/Ifzr5yITomg&rel=1"
type="application/x-shockwave-flash" wmode="transparent"
width="425" height="355"></embed></object>
```

SEGRETO n. 68: Nella pagina Html contenente il tuo video e che diffonderai con i file sharing, invita l'utente ad inserire il tuo filmato nel suo sito.

Il secondo sistema per aumentare il numero di siti che mostrano il tuo video, è attuabile con la creazione di un blog.

Il blog, il cui termine deriva da web-log, cioè traccia su rete, non è altro che un diario, costituito da articoli, storie, informazioni, dove i lettori possono scrivere i loro commenti e lasciare messaggi all'autore. Sul web esistono diversi siti che tramite pubblicazione guidata, consentono di creare automaticamente un blog gratis, anche senza che tu conosca il linguaggio Html. Tra questi vi è il più famoso: www.blogger.com.

Su questo sito, la creazione di un blog è semplicissima e totalmente guidata. Naturalmente, non devi limitarti ad inserire solo il codice del tuo video per incrementare il numero di link che lo posseggono, ma ti consiglio di arricchirlo con tante recensioni e vedrai che sarà molto interessante quando comincerai a ricevere i primi commenti dagli altri utenti.

Oltre a Blogger, esistono molti altri siti Italiani che permettono di gestire un blog gratuitamente, tra cui: Splinder, Clarence, Blogsome, Tiscali, Il Cannocchiale, Iobloggo, Bloggerbash, Blogdrops, Libero, Windows Live Spaces, MySpace. Se vuoi maggiori dritte per la creazione di un blog, ti consiglio di leggere l'ebook Fare Soldi Online con Blog e Mini Siti, ricco di segreti e strategie per realizzare al meglio il tuo diario in rete.

SEGRETO n. 69: Crea dei blog ed inserisci il link del tuo video.

Come per Emule, anche per i video sharing non esiste solo YouTube. Su internet ce ne sono a decina ed anche in questo caso devi sfruttarli tutti per pubblicizzare il tuo videocorso. Puoi cercarli con la stessa tecnica per i file sharing, cioè con una ricerca su Google, indicando le parole:

- video sharing
- condivisione video

Per facilitarti il lavoro, in seguito ti indicherò tutti i migliori siti di video sharing presenti sul web, con i relativi indirizzi. Il funzionamento è molto intuitivo, presentano tutti pressappoco le stesse caratteristiche.

SEGRETO n. 70: Condividi i tuoi videocorsi su tutti gli altri siti di video sharing, sfruttando le stesse tecniche.

Noterai che alcuni sono siti Inglesi, ma non è detto che non sono visti dagli Italiani. Anzi, inizialmente condividevo filmati solo con YouTube e Google Video, ma un successo maggiore, in termini di profitti, l'ho ottenuto utilizzando anche gli altri siti di video sharing, che vedrai in seguito, perché sono molto pubblicizzati nelle riviste e nei motori di ricerca delle pagine Italianc.

http://video.google.it

Google Video è un sito di video sharing gratuito in cui è possibile caricare filmati.

Per inserire un video nei server di Google, bisogna cliccare il link "Carica i tuoi video", presente nella home page. Se è la prima volta che utilizzi i servizi di Google, devi cliccare da questa pagina il link "Crea un account ora", dove dovrai indicare i tuoi dati necessari per la registrazione.

In seguito, puoi passare alla fase di caricamento dei video. Principalmente, ti verranno richiesti i seguenti dati:
- Percorso del File
- Titolo (massimo 255 caratteri)
- Descrizione
- Categoria (quella più adatta ai tuoi video è senz'altro "didattici")

A differenza di YouTube, non esiste un campo tag. Pertanto, per apparire in molte ricerche, è necessario indicare tante parole chiave nei campi "titolo" e "descrizione", con le stesse tecniche utilizzate per YouTube.

http://www.metacafe.com

Metacafe appare nella classifica dei siti di video sharing più grandi del mondo. Esso vanta 25 milioni di osservatori unici al mese (fonti tratte dal sito ufficiale).

Naturalmente per caricare il tuo video devi prima registrarti cliccando su "Sign In", dove dovrai indicare una tua email, il tuo identificativo nella comunità, cioè il nickname ed infine una password. Dopo qualche minuto ti arriverà una email per verificare ed attivare il tuo account.

Terminata la registrazione potrai caricare il tuo video andando su "Submit". I principali campi da riempire sono:

- File Il percorso ed il nome del tuo video
- Title Titolo
- Description Descrizione
- Related link Devi indicare un indirizzo web (utile per pubblicizzare il tuo sito)

- Related link title	Titolo del sito web
- Title language	Devi impostare “Italian” naturalmente
- Categories	Puoi indicarne fino a 2
- Search tags	Tag di ricerca

Al termine del upload, il sistema ti restituirà il link del tuo video.

www.blip.tv

L'upload di un video su blip.tv prevede una breve fase di registrazione, cliccando "Sign Up" e poi il caricamento del video, attraverso il link "Upload".

I campi più importanti da indicare sono:

- Title (titolo, massimo 255 caratteri)
- Description (descrizione)
- Tags (parole chiave, a cui non è imposto un limite di caratteri)
- Genre (genere, il più appropriato nel tuo caso potrebbe essere "documentary")
- Language (lingua, che naturalmente bisogna impostare a "italian")

Al termine dell'upload, cliccando il link "Copy & Paste" è possibile ottenere il codice HTML del tuo video. Come hai visto in precedenza, puoi sfruttare il codice del tuo video per inserirlo in un sito Web o in un Blog, per inviarlo ad un amico oppure per pubblicizzarlo con una campagna Google AdWords.

www.ourmedia.org

Per caricare un video su ourmedia è necessario registrarsi, cliccando il pulsante "Sign up - member benefits". Successivamente, è possibile procedere al caricamento del video, andando su "Upload". In fondo alla pagina che si aprirà, devi scegliere come tipo di file "video", cliccando la relativa icona.

I campi fondamentali che devi riempire sono:
- title (titolo, massimo 128 caratteri)
- I want to publish this video (percorso del tuo file)
- videotype (categoria del video; la più appropriata potrebbe essere "advertising/commercial")
- author/artist (il tuo nome e cognome)
- description of work (descrizione del video)

Vi sono due campi per indicare le parole chiave:
- keywords → devi scegliere una parola tra quelle elencate, ad esempio "Technology"

- add to keywords → in questo campo devi digitarle tu e devono essere separate non con gli spazi, ma andato a capo.

www.vsocial.com

Come in tutti gli altri video sharing, in questo sito è prevista una registrazione “Click Here to Sign Up!” e poi il caricamento del video “Upload”.

I dati più importanti sono:
- Video file (percorso del tuo file)
- Title (titolo)
- Description (descrizione)
- Tags (parole chiave, a cui non è imposto un limite di caratteri)
- Channels (sono le categorie, fino a tre scelte)

www.clipshack.com

Anche ClipShack è un sito di condivisione video gratuito, ma impone un limite complessivo di 5 Gb per i tuoi file, che è più che sufficiente.

La pagina di registrazione si apre cliccando "Account Gratis" e per il caricamento dei video vi è il link "Clip di Upload".

Oltre ai classici campi, percorso del file, titolo, descrizione e tags (quest'ultimo è sufficientemente limitato a 250 caratteri), vi è il campo fondamentale "Who can see", cioè chi può vedere il video, che devi impostare a "Tutti gli utenti", per far sì che riceva molte visualizzazioni.

Per quanta riguarda l'argomento del video, puoi fleggare più di una categoria tra quelle proposte.

www.vimeo.com

In quest'altro sito di condivisione video, puoi registrarti cliccando "Join Vimeo", dopodichè puoi caricare il filmato, andando su "Upload".

Anche qui troverai i classici campi, cioè title, description, tags; in quest'ultimo, per ogni parola chiave che inserirai, dovrai premere il pulsante "Add", cioè aggiungi.

YAHOO! VIDEO

www.video.yahoo.com

Anche i server di Yahoo consentono il caricamento dei video, visibili a tutti gli utenti.

La pagina di registrazione si apre cliccando "Sign up" e per il caricamento devi andare su "Upload".

I dati più importanti da inserire sono:

- Percorso del file
- Titolo
- Descrizione
- Categoria
- Tag (che bisogna separarli con le virgole)

www.esnips.com

Questo sito di video sharing, come ClipShack, prevede un limite di 5 Gb per i tuoi video, molto difficili da superare!

Come negli altri siti di video sharing è prevista la registrazione, attraverso il link "Join" e poi è possibile effettuare il caricamento del filmato cliccando su "upload".

A questo punto devi indicare il percorso del file video ed indicare alcuni campi importanti:

- Give it a name	Titolo
- Description	Descrizione
- Tag it	Parole chiave

www.liveleak.com

Questo sito di video sharing, è molto pubblicizzato nelle riviste informatiche Italiane.

La registrazione avviene cliccando su "Register" e per caricare il video devi andare su "Upload media".

Dopo aver indicato il percorso del file devi impostare:

- Title Titolo
- Description Descrizione
- Tags Parole chiave (separate da virgole)
- Category Categoria

http://video.msn.com/video.aspx?mkt=it-it

MSN Soapbox è la piattaforma Microsoft per la condivisione on-line di contenuti video. Già la parola "MSN" ti fa capire quant'è popolare e pubblicizzato questo sito! Il link indicato ti fa accedere direttamente alla sezione del sito in lingua Italiana.

Per registrarti devi andare su "Accedi" e da qui troverai il link "Registrati". Dopo la registrazione puoi effettuare l'upload del tuo filmato cliccando su "Carica Video".

I principali campi da indicare sono:

- Percorso
- Titolo
- Descrizione
- Tag (massimo cinque)
- Categoria

http://vids.myspace.com/

MySpace è una famosissima comunità virtuale che offre ai suoi utenti diversi servizi, tra cui la condivisione dei video.

Per registrarti alla comunity, devi cliccare il link “Iscriviti”, dove, oltre ai tuoi dati, ti verranno richieste alcune informazioni, tra cui la tua foto, l’email dei tuoi amici. Tutti i parametri che non sono necessari e che puoi evitare, cliccando il pulsante “ignora per ora”.

Successivamente, riceverai una email necessaria per attivare il tuo account. Dopo di che potrai effettuare l’upload del tuo filmato, cliccando su “Video” e poi su “Carica Video”. I principali campi da riempire sono:

- Titolo massimo 64 caratteri
- Descrizione massimo 3.000 caratteri

- Tag che dovrai ottimizzare poiché sono limitati a 64 caratteri
- Categorie da 1 a 3
- Lingua
- Visibilità imposta a “pubblico” per ottenere una massima visione

Infine dovrai premere il pulsante “Continua”, dove si aprirà una pagina e potrai completare l’upload del tuo video indicando il nome ed il percorso del file.

LIBERO VIDEO

http://video.libero.it/

Anche i famosissimi server di Libero consentono la condivisione dei video, con un sufficiente limite di 500Mb.

Se già possiedi un account di posta elettronica non sarà necessaria la registrazione, altrimenti dovrai cliccare il link "Entra a far parte della Community di Libero".

Dopo la registrazione potrai effettuare il caricamento dei video cliccando su "Upload Video". I principali parametri da indicare sono:

- Nome file
- Titolo (massimo 50 caratteri)
- Condivisione (indica "pubblico")
- Descrizione (massimo 300 caratteri)
- Tags (a cui non è imposto un limite)

http://dailymotion.alice.it/it

Dailymotion rappresenta il canale video del noto sito Alice. Questo sito di video sharing è molto pubblicizzato nelle pagine Italiane dei motori di ricerca ed è disponibile in 17 paesi del mondo.

La prima fase consiste nella creazione di un nuovo account, cliccando il link "Registrati". Dopo aver indicato i classici campi: nome utente, password ed indirizzo di posta elettronica, ti arriverà una email necessaria per l'attivazione del tuo account.

A questo punto potrai effettuare l'upload del tuo videocorso cliccando su "Carica i video". In questa pagina dovrai indicare il nome ed il percorso del file, dopo di che, cliccando su "carica", si aprirà un'ulteriore finestra dove dovrai principalmente inserire le seguenti informazioni relative al tuo video:

- Titolo
- Tag
- Lingua

- Descrizione
- Canali (quello più attinente è sicuramente “Business”)
- Privacy (indica “Pubblico” per ottenere una maggiore visione)

Terminata questa operazione, il tuo video sarà subito disponibile alla visione al mondo intero.

RIEPILOGO DEL GIORNO 6:

- SEGRETO n. 58: I siti di video sharing sono un'ottima risorsa web per fare pubblicità gratuita.
- SEGRETO n. 59: YouTube è il più grande sito per la condivisione dei video.
- SEGRETO n. 60: Registrati su YouTube e carica i tuoi videocorsi.
- SEGRETO n. 61: Quando carichi i videocorsi, riempi i campi tag con parole chiave molto ricercate.
- SEGRETO n. 62: Carica i video negli orari e nei giorni in cui si effettuano più ricerche.
- SEGRETO n. 63: Invia i link dei tuoi video ai tuoi amici, per avere dei consigli.
- SEGRETO n. 64: L'incremento delle visualizzazioni del tuo video, comporta ad un miglioramento del suo posizionamento.
- SEGRETO n. 65: Diffondi con i file sharing un documento pdf, contenente il link del tuo video, la descrizione ed alcuni screenshot.
- SEGRETO n. 66: Aumenta le visualizzazioni del tuo video con annunci pubblicitari AdWords Google.

- SEGRETO n. 67: Il posizionamento dei video su YouTube migliora con l'aumento del numero di siti che contengono il filmato.
- SEGRETO n. 68: Nella pagina Html contenente il tuo video e che diffonderai con i file sharing, invita l'utente ad inserire il tuo filmato nel suo sito.
- SEGRETO n. 69: Crea dei blog ed inserisci il link del tuo video.
- SEGRETO n. 70: Condividi i tuoi videocorsi su tutti gli altri siti di video sharing, sfruttando le stesse tecniche.

Giorno 7: Affiliarsi ad Emule

Anche Emule possiede un suo programma di affiliazione, poco conosciuto in Italia ed anche questo va sfruttato per far soldi.

Il programma di affiliazione vale per la versione **Emule NG** (NewsGroups). Questa versione, a differenza delle altre, consente il download a velocità superiori (circa 700Mb in 25 minuti), perché cerca i file nei NewsGroups, però durante la connessione appaiono dei banner pubblicitari.

Il programma di affiliazione di Emule NG prevede una commissione di 15 euro per ogni iscrizione a UseNext, il miglior software per scaricare nei NewsGroups.

Per iscriversi al programma di affiliazione di Emule NG e per avere maggiori informazioni, bisogna andare nel sito ufficiale: http://www.emule-ng.com/it/affiliate.

SEGRETO n. 71: Registrati al programma di affiliazione di Emule NG.

La procedura per diventare affiliato è molto veloce, semplice e senza investimento. In meno di dieci minuti puoi cominciare la distribuzione di eMule-NG guadagnando soldi!

Purtroppo non c'è possibilità di scegliere la lingua Italiana, è possibile scegliere quella Inglese, ma è meglio attenersi a quella ufficiale, cioè il Tedesco, perché la procedura guidata, che ho sintetizzato in seguito, indica il nome dei campi in questa lingua.

La prima fase prevede l'iscrizione al programma di affiliazione di UseNeXT, operazione possibile cliccando il link: http://partner.gonamic.de/Affiliate/PublicArea/misc/miscLogin.cfm

Nel menù presente nella parte superiore, fai click su "Jetzt Anmelden"

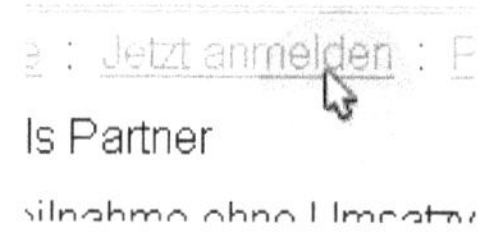

e riempi i campi del modulo:

Gewünschter Loginname	login
Gewünschtes Passwort	password
E-Mail für Accountinfos	email
Gewerblich tätig	scegli "Ja" se si tratta di una società
Umsatzsteuerpflichtig	soggetto a imposta sul giro d'affari
Firma	nome società
Anrede	Sig. (Herr)/Sig.ra (Frau)

Vorname	nome
Name	cognome
Straße / Haus-Nr.	indirizzo e numero civico
PLZ / Ort	cap e città
Land	paese

Per proseguire devi spuntare la casella di sotto e fare click su "Jetzt Anmelden". A questo punto ti arriverà una email di conferma, dove troverai la login e la password. Dopo di che dovrai ritornare nella pagina di benvenuto e connetterti con le credenziali di affiliato.

Dopo la connessione come affiliato, dovrai inviare le tue informazioni bancarie

Ihre Daten sind für eine Gutschriftenauszahlung nc

- Ihre Bankverbindung - klicken Sie

Successivamente dovrai attivare il programma di affiliazione a UseNeXt. Per fare ciò devi cliccare su "Jetzt aktivieren" vicino al logo di UseNeXT.

Sempre in questa pagina, facendo click sul pulsante "Programm jetzt aktivieren", il programma di affiliazione sarà attivato.

Nel menù presente nella parte superiore devi cliccare su "Werbemittel", con cui si aprirà una nuova pagina, dove dovrai cliccare su "Beste" nella riga "Texte/Direklinks".

Texte / Direktlinks Beste

Sulla pagina aperta, scendendo un poco, troverai "Position:2 :: Direktlink Kunden". Nel campo "Ihr Titel", devi digitare "eMule-NG". Dopodichè devi premere il pulsante "Werbemittelaktion anlegen".

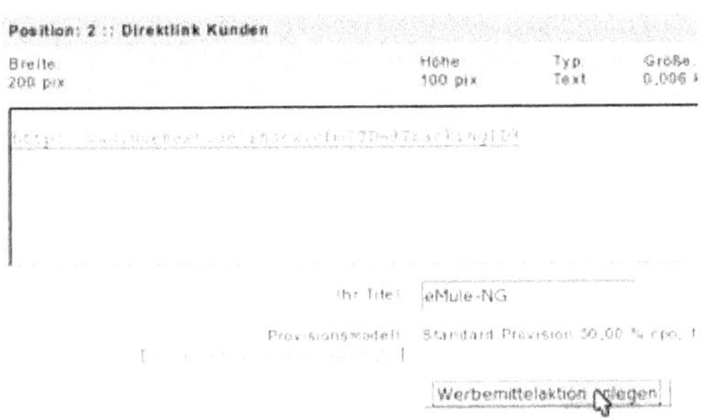

A questo punto si aprirà la pagina "Werbemitel". Scendendo in fondo troverai un’immagine analoga a questa:

Angelegte Werbemittelaktionen für UseNext.de:

Folgende Werbemittelaktionen haben Sie bereits

TrackingID	Eigener Titel	Größe	Details
	eMule-NG	200 x 100	Texte / Direk 0,006 kb

Clicca il pulsante "Code" presente a destra della riga:

Ändern Code Statistik

A questo punto apparirà un link in cui sarà presente il tuo codice di affiliazione (è quello che si trova dopo "?TD="). Sarà necessario per identificarti e ricevere la commissione quando un visitatore si iscriverà a UseNeXT. Il tuo link di affiliato sarà il seguente:

http:/www.emule-ng.com/?TD={tuo codice di affiliazione}

A questo punto, non resta altro che pubblicizzare il servizio "Emule NG". Visto che stiamo a fine guida, conosci le migliori tecniche per pubblicizzare questo servizio, magari con un video informativo come illustrato in precedenza oppure con un ebook che segue questi passi:

- "Ti piacerebbe scaricare 700Mb in pochi minuti?"

- Illustrazione di Emule NG e spiegazione dell'installazione.

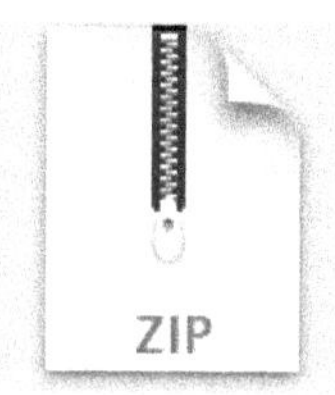

- "Prova Gratis la nuova versione di Emule"

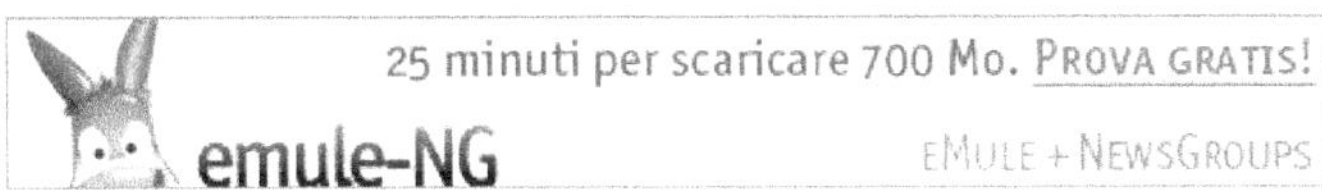

- "Per maggiori informazioni visita il sito..."

SEGRETO n. 72: Pubblicizza Emule NG con un ebook ed un videocorso.

Oltre al ebook ed al videocorso, anche in questo caso potresti sfruttare una campagna pubblicitaria Adwords Google, inserendo un annuncio di questo genere:

Emule Velocissimo
Prova Gratis la Nuova Versione
Solo 25 Minuti per Scaricare 700Mb
http://www.emule-ng.com

SEGRETO n. 73: Pubblicizza Emule NG su Google Adwords, con annunci originali.

Come parole chiave potresti usare i seguenti termini base:

mp3	2.421.302
musica	2.934.528
film	4.848.835

I numeri accanto alle parole chiave indicano le ricerche mensili (statistiche Miva), ricevute. Il totale conta più di dieci milioni di ricerche mensili. Naturalmente non tutti quelli che cercheranno queste parole si iscriveranno a UseNext, ma anche se 1 su 100 lo farà, avrai ottenuto una rendita strepitosa.

Come già ti ho spiegato in precedenza, per ragione di costo per click, ti conviene utilizzare parole chiave composte da tre termini, tipo:
download file mp3
scarica musica mp3
film da scaricare…
Altri termini composti li puoi ottenere grazie ai selettori di parole chiave che ti ho illustrato in precedenza.

SEGRETO n. 74: Su Google Adwords utilizza parole chiave composte da tre termini.

Grazie a questo tipo di pubblicità, l'affiliazione con Emule NG mi ha fruttato un ottimo ritorno economico, per due motivi. Il primo è che questo programma di affiliazione è ancora poco conosciuto in Italia ed attualmente c'è poca concorrenza. Il secondo motivo è che le parole chiave indicate in precedenza e tutte le altre necessarie per pubblicizzare un software di file sharing, presentano costi per click molto bassi, perché a nessuno interessa pagare per pubblicizzare il download della musica che non frutta soldi.

Questa forma di pubblicità è inoltre indicata per promuovere i prodotti di altri programmi di affiliazione: Ebay, TradeDoubler, ClickBank, Paypal, Macrolibrarsi e Bruno Editore.

SEGRETO n. 75: Pubblicizza anche altri prodotti su Google Adwords.

I guadagni che si ottengono con le provvigioni sono veramente molto elevati.

RIEPILOGO DEL GIORNO 7:

- SEGRETO n. 71: Registrati al programma di affiliazione di Emule NG.
- SEGRETO n. 72: Pubblicizza Emule NG con un ebook ed un videocorso.
- SEGRETO n. 73: Pubblicizza Emule NG su Google Adwords, con annunci originali.
- SEGRETO n. 74: Su Google Adwords utilizza parole chiave composte da tre termini.
- SEGRETO n. 75: Pubblicizza anche altri prodotti su Google Adwords.

Conclusione

Le informazioni che hai trovato su questa guida elettronica, ti hanno illustrato le tecniche ed i segreti per avviare con successo una vera e propria attività su internet.

Ora tocca a te!

Rileggi la guida per approfondire meglio i concetti, applica tutte le tecniche, i trucchi ed i segreti illustrati in questo libro, senza escluderne nessuno ed avvia subito il tuo business con Emule e YouTube.

Il vantaggio principale delle risorse internet che ti ho presentato per pubblicizzare prodotti, è senza dubbio il fatto che sono gratuite, ma di contro comportano un maggiore impegno. Perciò non limitarti a creare un solo ebook ed un unico videocorso, realizzane tanti (almeno un centinaio) ed iscriviti a tutti i programmi di affiliazione che ti ho illustrato e se seguirai tutte le regole presentate in questa guida, a regime, ti assicuro che la rendita che otterrai sarà assai superiore a quella che ti frutterebbe una campagna pubblicitaria a pagamento.

Buon Lavoro!

Vincenzo Iavazzo

Azione

1. **Registrati ai principali programmi di affiliazione su internet.**
2. **Crea ebook e videocorsi su argomenti vincenti.**
3. **Pubblicizza all'interno di essi la corrispondente guida completa, relativa al prodotto a cui sei affiliato.**
4. **Diffondili in rete, sfruttando i software di file sharing ed i siti di video sharing**
5. **Guadagna tanti soldi**

www.ingramcontent.com/pod-product-compliance
Ingram Content Group UK Ltd.
Pitfield, Milton Keynes, MK11 3LW, UK
UKHW022023190726
13853UKWH00005B/2089